JN355171

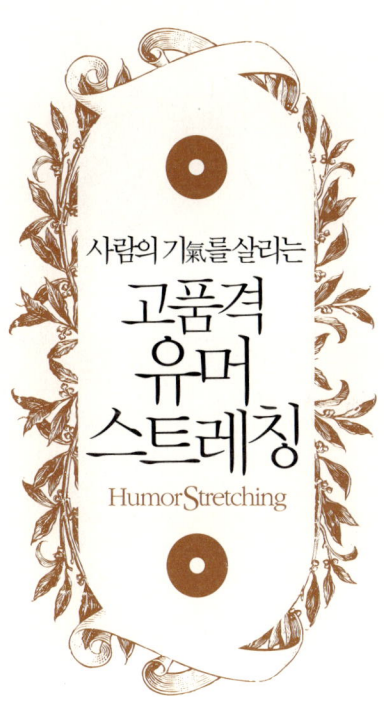

사람의 기氣를 살리는
고품격 유머 스트레칭
Humor Stretching

사람의 기(氣)를 살리는
고품격 유머스트레칭

초판 1쇄 발행 2007년 7월 5일
초판 3쇄 발행 2008년 11월 7일

지은이 임붕영(한국유머경영학회 회장)
펴낸이 김선식
PD 임영묵
다산북스 임영묵, 박경순, 이혜원
저작권팀 이정순, 김미영
마케팅본부 곽유찬, 이도은, 신현숙, 박고운
커뮤니케이션팀 우재오, 서선행, 한보라, 강선애, 정미진, 김태수
디자인본부 강찬규, 최부돈, 김희림, 손지영, 이인희
경영지원팀 방영배, 허미희, 김미현, 이경진, 고지훈
외부스태프 표지디자인 이기연, 외주조판 정희정

펴낸곳 다산북스
주소 서울시 마포구 염리동 161-7 한청빌딩 6층
전화 02-702-1724(편집) 02-703-1723(마케팅)
팩스 02-703-2219
이메일 dasanbooks@hanmail.net
홈페이지 www.dasanbooks.com
출판등록 2005년 12월 23일 제313-2005-00277호

필름 출력 엔터
종이 신승지류유통
인쇄 주식회사 현문
제본 광성문화사

ISBN 978-89-92555-20-3 (03320)

• 책값은 표지 뒤쪽에 있습니다.
• 파본은 본사나 구입하신 서점에서 교환해드립니다.
• 이 책은 저작권법에 의하여 보호를 받는 저작물이므로 무단 전재와 복제를 금합니다.

사람의 기氣를 살리는
고품격 유머 스트레칭
Humor Stretching

임붕영 (한국유머경영학회 회장) 지음

다산북스

● 머리말

"유머 없는 당신, 부하가 해고할 수 있다!"

모 증권회사에 박 팀장과 미스 김은 점심식사 후 다음과 같은 대화를 나누었다.

"팀장님, 지금 인도는 몇 시인지 아세요?"
"그야 시차 계산해 보면 되지."
"제가 원하는 것은 그런 시시콜콜한 답이 아니에요."
"그럼 몇 시인데?"
"그야 당연히 네 시죠."

박 팀장은 미스 김의 '네 시'라는 답변에 어리둥절했다.
"아니 왜 인도가 네 시야?"
"그야 인도네시아니까, 당연히 네 시죠…."

당신은 리더인가? 리더라면 썰렁맨인가? 아니면 유머맨인가? 나는 대한민국의 리더들에게 이렇게 외친다.

"유머 없는 리더는 출근하지 마라!!"

왜. 이런 싸가지 없는 말을 하느냐고? 그야 회사 분위기를 망치는 테러리스트니까! 이는 또한 회사 분위기 망치는 것을 넘어, 과거의 틀에 갇혀 허우적거리면서 현재의 자리나 지키려 안절부절못하고, 부하들의 열정과 창의성까지 좀먹을 수도 있기 때문이다.

이제 리더는 각성해야 한다. 나이가 많다거나, 근속연수, 혹은 직책이 높다고 해서 다 리더가 아니다. 진정한 리더는 다양한 연령대에서 제 각각의 욕구와 꿈이 있는 구성원들을 하나로 묶고 최고의 성과를 낼 수 있는 역량이 있어야 한다.

그럼, 리더에게 '최고의 역량'이란 무엇인가? 바로 유머능력이다.
유머는 그저 웃고 시시덕거리며 시간이나 때우고 스트레스나 푸는 우스운 게 아니다. 그것은 창의성 그 자체이며 팀워크를 높여 주고, 구성원들에게 충성도를 이끌어 내는 가장 효과적인 전략이다.
또한, 동료 간의 신뢰를 돈독히 하며 개방적이고 수평적인 조직문화를 만들어 가는 비전이기도 하다.

흔히 서양인들은 한국인을 보면 '악어의 표정'을 하고 있다고 한다. 이것은 분명 욕이다. 악어는 웃는지 우는지 알 수 없는데, 글로벌시대에 평상시 한국인의 얼굴 표정을 보면, 웃는지 우는지 알 수 없다는 평가절하된 비아냥처럼 들리기까지 한다.

이제는 유머가 전략이고, 웃는 것이 리더십이며, 재미가 기업문화다. 제아무리 엄격하고 세련된 시스템도 구성원들이 한자리에 앉아 웃는 것만은 못하다고 확신한다.

이 책은 유머가 부족한 리더(팀장)뿐 아니라 유머감각을 살려 대화, 비즈니스, 협상, 조직관리, 부하관리, 코칭, 고객관리, 리더십 향상, 인간관계 향상, 창의적인 성과를 창출하고자 하는 사람들을 위한 책이다. 또한, 행복한 인생, 즐겁고 유쾌한 일터, 그리고 훌륭한 리더로 거듭나고 싶어 하는 우리 모두를 위한 것이다. 우리는 삶의 방식을 바꿀 수 있고, 일하는 방법과 프로세스를 개선할 수 있으며, 좀 더 품격 높은 인생을 살 수 있으리라! 그저 유머를 구사하는 것만으로도….

그동안, 이 책이 출간되기까지 음으로 양으로 아낌없는 지원과 조언을 해주신 ㈜DYB최선어학원 송오현 원장님께 진심으로 감사의 말씀을 올리는 바이다. 특히 유머경영에 관한 현장 경험과 풍부한 사례를 통한 조언은 본서를 다듬는데 많은 도움이 되었음을 밝히고 싶다.

또한, 국내 최초로 유머전문서적을 출간하여 온 국민이 유머를 함께 나누었으면 좋겠다는 바람을 가지고 본서를 출간해 주신 다산북스의 김선식 대표님과 서투른 원고를 다듬고 많은 조언을 해 준 다산북스 관계자분들께 다시 한 번 감사의 말씀을 올린다.

그리고 늘 새로운 유머자료를 찾아 주고 연구토록 배려해 온 아내, 그리고 두 유머둥이들에게 더 큰 행복을 만들어 가자는 당부와 함께 고마움을 전한다.

2007년 6월
유머나눔이 임붕영

차례

사람의 기(氣)를 살리는 **고품격 유머스트레칭**

머리말 _유머 없는 당신, 부하가 해고할 수 있다 4

제1장 회사생활을 한다면 누구나 한번은 점검해보아야 할 것
유머는 팀장이 갖추어야 할 또 하나의 조건

유머팀장의 점검

- 유머방망이로 스트레스를 죽여라 14
  스트레스 없이 재미있게 일하는 회사, 있다
- 당신은 유머리스트인가, 테러리스트인가 18
  나를 어필하는 가장 간단한 방법은
- 조직의 미래는 당신의 역할에 달렸다 23
  팀장이 먼저 변해야 한다
- 당신은 어떤 유형의 팀장인가 26
  7가지 유형을 통해 본 팀장들의 특징
- 유머감각 없는 당신, 출근하지 마라 42
  직장도 놀이터가 될 수 있다
- 현재 나의 유머지수는 얼마나 될까 45
  유머는 타고나는 게 아니라 만들어진다

제2장 한국에서 팀장으로 일한다는 것, 팀장들이 겪고 있는 딜레마
문제를 제대로 파악해야 해결의 실마리를 찾을 수 있다

- 팀장의 운명은 팀원에 의해 결정된다 48
  왜곡된 팀장리더십과 그 해결방안은
- 팀 차원에서 겪는 10가지 딜레마 52
  박 팀장과 강 교수의 딜레마 이야기, 하나
- 개인 차원에서 느끼는 7가지 딜레마 68
  박 팀장과 강 교수의 딜레마 이야기, 둘
- 리더십 차원에서 겪는 15가지 딜레마 81
  박 팀장과 강 교수의 딜레마 이야기, 셋
- 팀장의 역할을 수행하는 데 도움을 주는 7가지 111
  팀원의 기를 살려라
- 팀장들이여~ 리더로서 겪고 있는 딜레마를 진단해 보자 120

제3장 팀장의 유머가 직원의 기를 살린다
간단하지만 때론 강력한 힘을 발휘하는 팀장유머전략

- 팀장에게 유머를 먹여라 124
  웃기는 팀장이 직원을 스스로 움직이게 한다
- 유머스트레칭 | 돼지도 웃으면 날개가 난다 132
  웃지 않는다면 돼지에게 연수를 보내라?
- 팀장에게 유머가 넘치면 어떤 일이 생길까 135
  누구든지 웃는 만큼 출세한다
- 웃기는 팀장이 지녀야 할 6가지 감성마인드 139
  유머 있는 팀장은 노력에 의해 길러진다
- 유머스트레칭 | 조직에 웃음이 흐르게 하려면 147
  웃음의 전염성을 이용해라
- 비즈니스 유머로 승리를 거둬라 150
  모든 직장인에게 가장 필요한 기술은 유머다
- 유머스트레칭 | 웃음은 천 가지 해를 없애 준다 155
  유머감각은 인간설득의 가장 중요한 무기다

- 직원의 기를 끌어올리는 유머성공전략 **158**
  성공한 사람의 공통점 중 하나는 유머다
- 최고의 직장을 만드는 최상의 기법은 **164**
  유머는 효율적인 업무능력을 가능하게 하는 시스템이다
- 회사가 유머기업으로 거듭나기 위해 필요한 5가지 **169**
  유머망치를 들어올려라
- 재미있는 일터로 변화시키는 10가지 웃음기법 **175**
  웃는다는 것은 습관의 문제다

제4장 감성시대 성공비결, 유머감각 10배 키우기
유쾌한 일터를 만드는 가장 확실한 방법은

유머경영의 기술

- 먼저, 웃는다면 모든 것이 해결된다 **184**
  유머로 똘똘 뭉치게 해라
- 유머의 시작, 식구부터 웃겨라 **188**
  가장 큰 대박은 바로 가정의 웃음이다
- 거짓 웃음도 진짜 웃음과 같은 효과가 있다 **195**
  웃음텃밭을 가꾸는데 실천해야 할 3가지
- 유머로 직원에게 기를 불어넣어라 **199**
  가지고 있는 지식에 유머를 담아라
- 조직의 리더인 팀장부터 달라져야 한다 **201**
  붕어빵을 먹을 때 어디부터 먹는가
- 재미없으면 일하지 마라 **205**
  경영키워드가 바뀌고 있다
- 웃는 사람 주변에 사람이 몰린다 **207**
  유머가 흐르는 조직을 만들어라
- 21세기 감성시대에 맞는 감성재미를 찾아라 **209**
  기업들의 새로운 고민거리는
- 유머경영을 하는 기업의 11가지 특징 **213**
  감성시대에 맞는 차별화 전략은
- 유머경영 도입 시 발생하는 8가지 장점 **218**
  유머보다 더 훌륭한 서비스는 없다
- 즐겁고 행복한 일터를 만들기 위한 6단계 과정 **225**
  유머가 경영전략이다

제5장 인기 있는 팀장의 유머스트레칭 비결
팀원을 스스로 움직이게 하는 팀장유머지침

- 하하 유머스트레칭 | 팀원이 열변을 토하게 해라 232
  경청의 3가지 기술
- 하하 유머스트레칭 | 간단하고 재미있게 말해라 238
  유머화법을 구사하는 남다른 기술
- 하하 유머스트레칭 | 신바람 나는 회의를 이끌어라 242
  즐거운 회의로 창의성을 자극해라
- 하하 유머스트레칭 | 질문의 수준을 높여야 한다 245
  질문의 마력이 팀원들의 업무수준을 높인다
- 하하 유머스트레칭 | 칭찬으로 작두를 타게 해라 249
  칭찬이란 마약을 나누어 먹어라
- 하하 유머스트레칭 | 사내 웃음클럽을 만들어라 254
  매일 아침 웃음기법을 생활화해 보아라
- 하하 유머스트레칭 | 유머헌장을 만들어라 257
  재미있고 독특한 자신만의 기업문화를 찾아라
- 하하 유머스트레칭 | 무재칠시(無財七施)로 직원들을 춤추게 해라 260
  팀장은 석가모니가 되어야 한다, 팀장의 코칭기술
- 하하 유머스트레칭 | 웃음 없는 팀원은 추방해라 267
  웃음이 사라진 이유는
- 하하 유머스트레칭 | 헐떡이는 팀원들에게 유머를 먹여라 270
  조직에 고인 피를 걸러 내라

부록 팀장유머리더십A+

[부록 01] 체크리스트를 통해 알아보는 나의 팀장리더십지수는 274
[부록 02] 팀장역량을 배로 끌어올리는 하하 유머스트레칭 10단계 기법 280

Refined Humor Stretching

1장 유머팀장의 점검

회사생활을 한다면 누구나 한번은 점검해보아야 할 것

¤ 유머는 팀장이 갖추어야 할 또 하나의 조건

How to Improve the Morale with a Word!

유머방망이로 스트레스를 죽여라 / 당신은 유머리스트인가, 테러리스트인가 / 조직의 미래는 당신의 역할에 달렸다 / 당신은 어떤 유형의 팀장인가 / 유머감각 없는 당신, 출근하지 마라 / 현재 나의 유머지수는 얼마나 될까

Refined Humor Stretching

유머방망이로
스트레스를 죽여라

● 스트레스 없이 재미있게 일하는 회사, 있다

한 취업포털 사이트의 조사에 의하면 직장인 중 86% 정도는 조직 내에서 스트레스를 받고 있는 것으로 나타났다. 스트레스의 원인 중에는 상사나 동료 간의 갈등으로 인한 것이 대부분이었으며 대다수의 사람이 이런 갈등 때문에 회사를 떠나고 싶다고 응답한 것으로 나타났다.

스트레스는 무엇인가?

한마디로 열 받는 것이다. 문제는 그 열이 마음을 뜨겁게 하는 것이 아니라 머리를 뜨겁게 한다는 것이다. 머리가 뜨거우면 당연히 신경이 과민해지고 판단력이 흐려져 업무나 대인관계에 악영향을 미치게 된다.

많은 기업이 직원들의 스트레스를 풀어주기 위해 다양한 아이디어와 막대한 예산을 수립하고 있다. 또한 '재미있게 일하자!'라는 슬로건을 내건 회사들이 눈에 띄게 늘어나고 있다.

　그렇다면, 스트레스를 겪지 않으면서 재미있게 일하는 기업은 꿈에 불과한 것인가? 대답은 '아니오.'다. 유머가 그것을 말해 준다. 유머 있는 사람이 많은 조직은 그렇지 않은 조직에 비하여 스트레스를 덜 받고 안정적이며 원만한 인간관계를 구축하면서 재미있게 일하는 것으로 나타나고 있다.

　유머는 현실을 새로운 각도에서 바라보게 해 주며, 현실을 뒤집어 보게 하여 유연한 사고방식을 갖게 해 준다. 그리고 유머는 단순히 웃고 시시덕거리는 말재주가 아니라는 것을 기억해야 한다.

　대표적인 유머기업인 사우스웨스트항공사는 유머 없는 직원은 채용하지도 않지만 웃음이 없는 직원은 무능한 직원으로 몰아내는 문화를 갖고 있다. 그 결과 그 회사는 창사 이래 늘 고속 성장하는 성과를 보여주고 있다.

　직장인들이 겪는 스트레스는 다음과 같은 부정적인 영향을 미치고 있다.

⊛ 업무능률을 떨어뜨린다.

⊛ 대인관계를 매끄럽지 못하게 한다.

⊛ 긴장 속에서 두통과 신경과민을 일으키게 한다.

⊛ 창의성과 아이디어를 갉아먹는다.

⊛ 조직에 대한 충성심을 갖지 못하게 한다.

⊛ 팀워크를 저해한다.
⊛ 일터를 감옥처럼 느끼게 한다.
⊛ 그저 죽기 싫어서 출근하는 직장을 만든다.

그렇다면, 이러한 스트레스를 어떻게 예방할 수 있는가? 지금까지 스트레스에 대한 연구결과를 보면 스트레스는 피할 수는 없다는 것이다. 중요한 것은 그것을 미리 피할 수 있는 방법을 찾는 것이다.

그럼, 어떻게 하면 될까?
스트레스를 풀기 위해 막대한 예산을 들이지는 마라. 그럴듯한 정책을 내걸지도 마라. 그저 웃어라. 그리고 웃겨라. 웃고 웃기는 것은 경박하고 가벼운 것이 아니라, 조직에 새로운 피를 수혈하는 '전략이라는 사실'이다. 그리고 우리는 이런 사실을 인식해야만 한다.

일터에서의 참신한 유머 한 토막은 생기를 주고 믿음을 주고 웃음을 연출하여 재미있게 일할 수 있는 분위기를 만들어 준다. 이제 스트레스는 적이 아니다. 먼저, 웃고 재미있게 일한다면 그것은 그저 왔다가 사라지는 별로 친하지 않은 친구쯤으로 생각해도 될 것이다.

팀장들이여! 조직의 리더들이여! 지금 당장 유머방망이를 두드려라. 막힌 벽을 허물고 보이지 않는 갈등을 두들겨 패라.

- ⊗ 상사, 부하 구분 없이 누구나 드나들 수 있는 유머방을 만들어라.
- ⊗ 업무 중에 마음껏 소리칠 수 있는 스트레스 해소방을 운영해라.
- ⊗ 가장 많이 웃는 직원에게 유머상을 만들어 표창해라.
- ⊗ 직원들의 스트레스 지수를 측정하고 관리해라.
- ⊗ 스트레스 관리자를 두어라.

팀장은 단지 업무중심의 역할이 아니라 인간중심의 조정자 역할을 해야 한다. 팀장의 유머 한마디는 직원들에게 신뢰를 주고 편안함을 선물하며 창의성을 자극하고 참신한 아이디어를 뿜어내게 한다.

명심해라. '웃는 것만으로도 이미 문제는 해결된 것'이라는 것을…. 하하하하.

Refined Humor Stretching

당신은 유머리스트인가, 테러리스트인가

● 나를 어필하는 가장 간단한 방법은

요즘 사회는 기술과 감성이 공존하는 시대다. 기술력이 아무리 뛰어나도 '감성적인 가치'가 따르지 못하면 만족을 얻을 수 없다. 하지만, 꼭 그렇다고 웃음 많은 사람이 존경을 받는 것만은 아니다. 그러나 웃음을 끌어낼 수 있는 유머감각이 뛰어난 사람은 어디를 가든 인기가 많고 존경의 대상이 됨은 틀림없는 사실이다. 특히 글로벌 사회에서 얼굴의 가치는 곧 브랜드의 가치를 말해 준다.

한국인이 친절하다고는 하나 상대적으로 웃음을 전달하는 능력이 타민족에게 비하여 뒤져 있다는 이야기를 자주 듣는다. 친절한 것과 친절한 이미지를 잘 전달하는 것과는 별개의 문제라고 본다.

당신은 회의시간에 규칙만을 내세우는 원칙주의자인가, 아니면 노래방에 가면 눈치 없이 4절까지 부르는 테러리스트인가, 자기자랑만 하다가 왕따 당한 적은 없는가, 모임에서는 늘 썰렁한 사람으로 통하는가, 가정에서는 하루종일 TV만 바라보는 바보상자의 노예인가?

만약에 그렇다면 당신은 아마 일만 아는 사람, 즉 테러리스트이다. 유머는 천 가지의 해를 없애 준다고 셰익스피어는 말한 바 있다. 만약 당신이 테러리스트라면 유머를 갈고 닦는데 좀 더 매진해야 할 것이다. 진정한 리더가 될 수 있는 힘, 즉 유머를 갖추어 나가야 할 것이다. 그러면 이미 어디에서나 인기 있고 대인관계가 부드러운 팀장(리더)으로 변해 있을 것이다.

유머야말로 명품인생을 만드는 비결이다. 가정에서나 직장, 모임, 연설, 회의, 업무, 비즈니스, 협상에서 이기는 길은 적절한 유머를 재치 있게 구사하여 상대의 마음을 여는 데 있다. 성공하고 싶다면 성공한 사람들을 흉내 내보라는 말이 있다. 나는 그들의 유머능력을 본받으라고 권하고 싶다.

팀장(리더)은 조직 내 다양한 사람을 하나로 묶는 일이다. 단순히 일만이 아니라 일과 재미, 신뢰가 넘치는 그러한 일터를 만들어 나가는 것이 중간 허리의 역할을 하는 팀장의 의무가 아닌가. 테러리스트로 왕따 당하고 싶지 않다면 웃는 연습, 유머감각을 익혀 나가라.

다음에 이어지는 표들에서 각 평가항목을 읽고, '예' 또는 '아니오'를 선택해 보자.

¤ **나는 유머리스트일까, 테러리스트일까?**

평가항목	예	아니오
❶ 평소에 웃음이 없다.		
❷ 다섯 개 이상의 유머를 알지 못한다.		
❸ 다른 사람의 유머에 반응하지 않는다.		
❹ 웃는 사람을 우습게 생각한다.		
❺ 유머에 관한 책이 한 권도 없다.		
❻ 한 달에 한 번도 유머사이트에 접속하지 않는다.		
❼ 하루에 한 번도 유머를 구사하지 않는다.		
❽ 긍정적이지 못하다.		
❾ 원칙만을 내세운다.		
❿ 항상 심각한 표정을 하고 있다.		
⓫ 일이 최고라고 생각한다.		
⓬ 성공하는 사람들의 습관 중 하나가 유머라고 생각하지 않는다.		
⓭ 가정이나 직장에서 엄하다는 말을 듣는다.		
⓮ '썰렁'이라는 말을 들은 적이 있다.		
⓯ 늘 스트레스에 시달린다.		
⓰ 시간이 남아도 노는 기술이 없다.		

¤ **나는 왕따 당하는 팀장일까?**

평가항목	예	아니오
❶ 회식자리에서 꾸어다 놓은 보릿자루처럼 앉아 있다.		
❷ 회의시간에 원칙만 내세우며 사장님 지시라며 열 올린다.		
❸ 직장에서 웃는 것을 경계한다.		
❹ 규칙만 따르면 된다고 사고하고 있다.		
❺ 점심을 혼자 먹으러 간다.		

평가항목	예	아니오
❻ 언제든지 써먹을 수 있는 유머가 없다.		
❼ 노래방에서 갑자기 가곡을 부른다.		
❽ 분위기를 리드하지 못한다.		
❾ 자기 이야기만 늘어놓다 혼자 지친다.		
❿ 상사의 말은 언제나 '예스' 다.		
⓫ 인간관계보다 업무실적에 빠져 있다.		
⓬ 한 달에 한 권의 책도 사지 않는다.		
⓭ 노는 방법을 모른다.		
⓮ 주말에도 일을 한다.		
⓯ 노래방기기가 없으면 즉석에서 부를 수 있는 노래가 없다.		
⓰ 하루에 세 번 이상 웃지 않는다.		
⓱ 동료직원이 자신의 생일을 아무도 모른다.		
⓲ 퇴근 후에는 무조건 집으로 간다.		

선택해 보았는가? 만약 '예'가 5개 이상이라면 당신은 테러리스트다. 또한, 왕따 당하는 팀장이거나 왕따 당할 확률이 높은 팀장일 것이다.

그러나 그것을 비관하여 자살할 생각은 마라. 그렇다고 지하에 숨어 살 필요도 없다.

왜냐하면, 이 책을 읽고 나면 당신은 가정, 직장, 비즈니스, 화술 등에서 성공하는 유머팀장(리더)으로 변해갈 것이기 때문이다. 그래도 여전히 썰렁한 존재라는 말을 듣는다면? 그대는 이미 추방된 것이니 겁먹을 것도 없다.

❖ ❖ ❖

한 동물학자가 바늘을 갖고 동물반응 시험을 했다. 고슴도치 새끼에게 바늘을 갖다 대었더니 고슴도치 새끼는 이렇게 말했다.
"엄마 왔어?"

우리 인간도 고슴도치 식의 반응을 한다. 개개인이 갖고 있는 틀과 가치관에 의하여 반응한다. 그러므로 세상을 보는 눈, 패러다임을 바꿔 나가야 한다. 나를 바꾸지 못하면 언제나 고슴도치 식의 반응만 할 것이다.
"머리를 감을 때 어디부터 감을까?"
"눈부터 감는다."
하지만, 눈부터 감는다고 생각하는 사람은 그리 많지 않다.
"지구를 드는 방법은?"
"물구나무서면 된다."

그러나 물구나무서면 된다는 답을 내는 사람도 그리 많지 않다. 난센스(nonsense)이지만 조금만 틀을 깨고 들여다보면 쉽게 맞출 수 있는 문제다. 하지만, 고정관념에 젖어 있다 보면 항상 머리만 긁적거리게 된다. 틀을 깨지 못하면 유연함을 간직할 수 없다. 유연한 태도를 잃으면 늘 원칙만 고수하게 되고 원칙만 따르다 보면 더 좋은 성과를 기대할 수 없게 된다.

Refined Humor Stretching

조직의 미래는 당신의 역할에 달렸다

● 팀장이 먼저 변해야 한다

   팀장은 조직의 허리다. 팀장이 살아야 조직이 살고 상사와 부하는 하나가 될 수 있다. 어느 조직이든 그 조직의 미래는 팀장의 역할에 달렸다.

   특히 과거와는 달리 지금 우리가 살고 있는 시대는 이론이나 지식, 경험만으로는 해결할 수 없는 복잡한 상황에 직면해 있다. 그러기에 팀장에게 더 큰 리더십과 변화가 요구되고 있다. 이는 감성과 마음의 가치가 21세기를 지배하는 코드로 자리를 잡고 있기 때문에 더욱더 그러하다. 따라서 이제는 일터에서도 정서적인 부가가치의 중요성이 크게 대두하고 있다.

   이에 본서에서는 감성시대에 요구되는 웃음과, 유머, 재미에 대한 개념을 고찰해 보고, 이를 어떻게 일터에 적용하여 재미있는 일터를 만들고 성과를 창출해 나갈 것인가를 보여줄 것이다.

물론 조직의 리더격인 팀장부터 변해야 함은 당연하다. 그래서 현재 팀장의 직책에 있는 사람이나 머지않아 팀장의 자리에 오를 사람 혹은 리더그룹에 있는 사람들에게 이 책은 하나의 처방전이 될 수 있다.

자, 그대는 팀장으로서 철학이 있는가? 상사에게 믿음을 주는가? 팀원에게 존경 받고 꿈을 주는가? 조직이 원하는 역할을 제대로 수행하고 있는가? 아니면 자리보전을 위해 안간힘을 쓰고 있는가?

팀장에게 요구되는 전문성은 단지 경륜이나 전문지식만이 아니다. 급변하는 주변 환경의 변화에 잘 대처하여 조직이 가고자 하는 비전을 달성할 수 있어야 하며 사명을 완수할 수 있는 리더십이 요구된다.

또한, 위로는 상사와 아래로는 부하와의 관계를 잘 정립시켜 나가 원활한 커뮤니케이션 문화를 구축하고, 부하들에게 믿음과 인간적인 배려를 통한 성장과 조직의 성과를 창출해 나가는 것이 우선 팀장의 역할일 수 있다.

지금부터 이러한 문제의식을 갖고 스스로에게 부족한 점은 무엇인지, 문제점은 무엇인지, 어느 방향으로 전진해야 할지 등 현실적인 문제들을 분석해 보기 바란다.

여기에서는 또한 이런 현실적인 문제점을 '유머'란 도구를 활용하여 치유하고 극복하는 방법들을 다룬다. 결국, 유머가 주는 웃음으로 인해 '행복'해질 수 있는 초석을 가다듬도록 도와주고 있다. 물론 그 행복은 사람마다 다르겠지만 성공이나 출세가 될 수도, 아니면 위로나 공감이 될 수도 있을 것이다.

조직과 구성원에게 믿음과 재미, 자부심을 주는 팀장(리더)으로 거듭나고 싶은가? 이와 더불어 가정에서도 '웃음꽃이 핀 가정'으로 탈바꿈하고 싶은가? 그렇다면, 지금부터 그 비법을 하나하나 배워보자.

Refined Humor Stretching

당신은 어떤 유형의 팀장(리더)인가

● 7가지 유형을 통해 본 팀장의 특징

최고의 팀장(리더)이 되고 싶은가? 그렇다면, 어떤 유형이 되어야 한다고 보는가? 하지만, 단언컨대 최고 유형의 팀장은 없다. 늘 환경이 바뀌고 조직은 새로운 성과를 요구하며 생존게임이 치열하기 때문이다. 다만, 최고를 추구하는 팀장만이 있을 뿐이다.

팀장은 CEO로 성공하길 원하는 사람에겐 징검다리다. 그는 지금 행운을 잡을 수 있는 길목에 들어선 것이다. 그것이 1년이냐 3년이냐 10년이냐의 문제일 뿐이다. 그러나 명심해라. 어떤 팀장은 그 자리가 끝이라는 것을. 그것만이 아니다. 어떤 팀장은 바로 내일 밀려날지도 모른다. 하지만, 늘 최고를 추구하는 팀장에겐 어느 조직이든 그에게 모든 것을 허락한다.

여기에서는 흔히 볼 수 있는 팀장의 유형을 7가지로 분류해 제시해 보았다. 각 유형을 통해서 팀장의 성격과 장·단점을 분석해 보자.

자신이 팀장이든 팀원이든 다 해당하는 사항임은 두말할 나위 없을 것이다. 내가 어떤 유형의 팀장인지 우리 팀장은 어떤 유형의 팀장인지, 분석해보고 평가해 보자. 자신(또는 우리 팀장)을 제대로 아는 것은 더 높이, 더 멀리 날 수 있는 성공의 비결이 될 수 있다는 사실을 기억해라.

첫 번째 유형, 독수리형 팀장

누구나 존경하고 닮고 싶어하는 유형이다. 멀리 볼 수 있으며 목표가 명확하다. 그러기에 팀원들에게 늘 비전을 주고 새로운 목표 지점을 알려 준다.

자기관리가 철저하며 어느 조직에서든 두각을 나타낼 수 있는 비장의 카드가 있다. 그는 언제나 스카우트 대상이고, 동료는 항상 그와 함께 일하기를 원한다.

회사는 그가 떠날 것을 두려워하며 언제나 더 높은 연봉과 조건을 제시한다. 그의 유능함과 업무처리 능력이 늘 벤치마킹의 대상이 된다.

그는 늘 팀원들을 믿고 영웅으로 만들기 위해 노력한다. 팀원이 자기보다 뛰어날 때 행복감을 느끼는 유형이다. 최고의 팀장 조건을 갖고 있다. 누구나 닮고 싶은 샐러리맨(salary man)의 우상이다.

◇ 독수리형 팀장의 특징

팀원에게 자주 하는 말	대표적인 행동유형	주변 사람들의 반응
• 자네는 최고가 될 수 있어! • 우리가 가면 그게 길이야! • 난 자네를 믿어! • 자네가 성공하는 것이 내 기쁨이야!	• 언제나 모범을 보인다. • 늘 열정적이다. • 목표가 명확하다. • 팀원들을 감싸며 날 수 있게 인도한다. • 자기분야에서 전문가다.	• 핵심역량이 강하다. • 주변에 사람들이 모여든다. • 신뢰와 존경의 대상이다. • 팀원들에게 비전을 준다. • 맏형 같은 느낌을 준다. • 회사는 언제나 그의 머리에 의존한다.

하지만, 독수리형 팀장은 모두의 모범이 되지만 늘 경계의 대상이기도 하다. 그를 시기하고 끌어내리고자 하는 사람들이 주변에 많다는 것을 유의해야 한다. 한마디로 경쟁자가 너무나 많다. 자칫하면 똑똑한 것이 도리어 화가 되어 주변 사람들과 융합하고 시너지(synergy)를 발휘하는데 걸림돌이 될 수도 있다.

이를 극복하기 위해서는 지금보다 더 높이 날 수 있는 날갯짓이 필요하다. 누구도 따라올 수 없는 독보적인 존재로 거듭나야 한다. 그래야, 독수리의 주가는 날로 치닫고 CEO를 향한 꿈을 가질 수 있다. 하지만, 항상 하늘에 머물 수는 없다는 것을 명심해야 한다. 그가 머무는 곳은 사람들 속이어야 하기 때문이다. 하늘을 날되 흙냄새를 잊어서는 안 될 것이다.

두 번째 유형, 기러기형 팀장

팀워크를 생명으로 여기는 유형이다. 협조와 칭찬을 최고의 무기로 알고 있다. 그가 혼자 날아가는 것은 조직에 아무런 도움이 되지 않는다는 것을 좌우명으로 삼고 있다. 언제나 팀원들과 함께 행동하기를 원하며 경우에 따라서는 자신을 대신하여 다른 사람을 리더로 내세울 만한 용기가 있다. 그는 언제나 격려하며 응원하는 기러기 떼의 정신을 믿는다. 그리고 대형을 지어 함께 날면 더 쉽고 빠르게 날 수 있다는 것을 잘 알고 있다. 그는 칭찬과 배려의 정신으로 팀원 모두가 영웅이 되길 간절히 원한다.

¤ 기러기형 팀장의 특징

팀원에게 자주 하는 말	대표적인 행동유형	주변 사람들의 반응
• 역시 자네야! • 난 자네의 긍정적인 게 마음에 들어! • 나 대신 이번에 큰일을 대신하겠나? • 자네가 있어 우리 팀이 사는 거야!	• 팀이 없으면 나도 없다. • 대화의 절반은 칭찬이다. • 성과는 언제나 팀원의 몫으로 돌린다. • 언제나 팀원과 함께한다. • 팀을 위해서 희생할 각오가 되어 있다.	• 따뜻함을 주는 힘이 있다. • 정(情)의 리더십이 강하다. • 나보다는 우리를 강조한다. • 과정을 중시한다. • 팀원을 가족으로 생각한다.

기러기형 팀장은 팀 속에서는 자유롭다. 하지만, 언제나 팀 속에 갇혀 지낼 수는 없다. 시간이 지나면서 그는 지금보다 더 높은 자리로 초대받을 수 있다. 그리고 항상 더 큰 것을 요구한다. 팀 속에서는 조화롭게 조직을 잘 이끌어 가지만 팀을 떠나서는 아무것도 할 수 없는 무능한 기러기로 전락할 수도 있다. CEO로 승진되었을 경

우는 더욱 그렇다. 그래서 그는 늘 자기만의 끼와 꾀를 갈고 닦아야 한다. 기러기는 죽었다 깨어나도 독수리가 될 수 없다. 물론 그것이 비교대상이 되어서도 안 된다. 하지만, 기러기는 기러기가 되어야 한다. 기러기 세계에서 알아주는 그런 기러기가 되는 것이 그의 미래를 보장받는 길이다.

세 번째 유형, 거미형 팀장

글로벌 시대에 살아남을 수 있는 대표적인 창조유형이다. 나만의 노하우가 분명하며 한 가지 기술을 갖고 먹고살기에 충분하다. 여기저기 거미줄 치듯이 인맥이 다양하며 일과 여가를 함께 즐길 줄 아는 유형이다. 대표적인 벤처타입이다. 누구나 한눈에 쉽게 알아볼 수 있는 능력이 넘친다. 그런데 자기만의 둥지를 트는 단점이 있다. 팀과의 호흡보다는 개인주의 성향이 강하며 지나치게 자신만한 타입이다. 그러므로 성과를 나눌 수 있는 배려가 부족하다.

그는 리더지만 언제나 혼자 있는 것처럼 보인다. 팀원들에게 능력은 돋보이지만 그들을 감싸고 하나가 되기를 꺼리는 유형이다. 그가 있는 팀은 언제나 팀과 팀장, 그리고 구성원들이 제각각이다. 그의 개인기는 뛰어나지만 팀장으로서의 역량은 한계가 있다. 그는 주장이지만 늘 골을 넣으려 볼을 달라고 소리치는 축구선수와 같기 때문이다.

¤ 거미형 팀장의 특징

팀원에게 자주 하는 말	대표적인 행동유형	주변 사람들의 반응
• 한 가지만 확실하면 먹고사는데 지장 없어! • 기회가 주어지면 더 좋은 회사로 떠나게! • 내가 있고 나서 회사가 있는 거야! • 열심히 일한다고 회사가 평생 고용하냐?	• 팀의 성과보다는 나의 성과를 강조한다. • 늘 자신을 믿고 따르기를 바란다. • 아이디어와 돈이 넘치는 것처럼 행세한다. • 팀보다는 자신을 늘 먼저 생각한다. • 때로는 팀원을 버리고 자신의 이익을 추구한다.	• 능력은 뛰어나다. • 추종받기를 바란다. • 이기적이다. • 팀에 대한 배려가 없다. • 언제 떠날지 모르며 비전을 함께할 수 없다.

그는 적은 노력으로 큰 이득을 취하는 창조사회에 적합한 유형이다. 그는 한가지 기술을 뽐내며 휘젓고 다닌다. 하지만, 자칫하면 자기 자만에 빠질 수 있다. 돋보이는 만큼 쉽게 징에 맞을 수 있다. 그가 갖고 있는 기술과 재능이 아무리 뛰어나도 주변에서 돕지 않으면 그 재능은 무용지물이 되고 말 것이다. 거미줄을 치는 것은 사람들 사이에서나 가능한 일이지, 혼자 동굴에 들어가서 할 수 있는 일이 아니다. 그는 인맥 없이 혹은 팀 없이 잘할 수 있다는 유혹에 빠질 수 있다. 그가 독보적인 기술을 널리 알리고 더 큰 부가가치를 창출하기 위해서는 늘 사람들 속으로 파고들어 가는 습관을 길들여야 한다. 그 누가 아무리 훌륭한 기술이 있다 하더라도 사람을 떠나서는 아무런 의미가 없기 때문이다.

네 번째 유형, 개미형 팀장

일만 아는 유형이다. 일을 잘하는 것만이 살아 있는 이유라고 믿는다. 팀원들의 특성이나 개성 따위에는 관심이 없다. 무조건 일만이 그의 일과다. 그렇기에 그를 따르는 사람은 없다. 그에게는 일만 있고 리더십이 없기 때문이다.

특별한 아이디어나 창의성이 뛰어난 것도 아니면서 일만 추구한다. 그것도 위에서 시키는 일을 수동적으로 한다. 팀원들에게는 팀장이라기보다는 그저 함께 일하는 동료처럼 보인다. 그러므로 비전을 주지 못한다. 더욱더 안타까운 것은 자신을 위해서 일하는 것이 아니라 오직 회사만을 위해 일한다는 것이다. 일할 능력이 떨어지면 그날 당장 물려 죽는 일개미처럼 그에게는 동료나 팀원을 감쌀 만한 능력이 부족하다.

¤ 개미형 팀장의 특징

팀원에게 자주 하는 말	대표적인 행동유형	주변 사람들의 반응
• 자, 이제 일이나 하지! • 요즘, 우리 팀 실적이 문제시되고 있어! • 일은 시원치 않게 하면서 무슨 요구가 그리 많아? • 절간이 싫으며 당장 떠나면 될 것 아냐!	• 직장은 일하는 곳이다. • 기업문화나 복지는 필요 없다. • 일 잘하는 사람이 승진한다. • 창의성은 없고 시키는 일만 한다. • 여유나 유머는 찾아 볼 수 없다.	• 조직의 팀장 역할보다는 자영업을 해야 한다. • 팀원에 대한 배려가 없다. • 늘 팀원들을 지치게 하고 재미없는 리더다. • 존경의 대상이 아니라 그저 일만 하는 사람이다. • 미래는 안 보고 무조건 주어진 일만 한다.

개미는 숙명적으로 일만 하도록 되어 있다. 거기에는 창의성이나 아이디어가 없다. 그저 먹고살기 위해 생명이 붙어 있는 한 짐을 지고 먹이를 긁어 모아 오는 노동에 시달려야 한다. 한마디로 획기적인 노하우가 없다.

그는 팀장이 되어도 리드할 수 있는 사람이기보다는 같이 묻혀서 일만 하는 사람일 뿐이다. 이제 그에게는 일하는 능력에 리드하는 통솔력과 비전을 줄 수 있는 리더십이 필요하다. 시간이 지나면서 리더로 성장하는 것이 조직의 생리다. 그럴만한 능력이 없는 사람은 시간에 밀려 퇴출 당할 수밖에 없다. 그 근면성을 유지하고 지속적으로 인정받기 위해서는 리더십을 갖추어 나가야 한다.

다섯 번째 유형, 좀비족형 팀장

대표적인 기회주의자형이다. 좀비족이란 서아프리카의 부두(Voodoo)족이 숭배하는 뱀의 신에서 유래한 말로 주체성이 없고 타성에 젖어 로봇처럼 무사안일주의에 빠져 있는 사람을 가리킨다. 이는 일이나 리더십은 아랑곳하지 않고 처세술만 능해 오직 자신의 목숨 하나 유지하기 위해 안간힘을 쓰는 기회주의 타입이다. 그에게서 비전이나 열정을 찾기는 힘들다. 그를 팀장으로 모셔야 하는 팀원들은 늘 불평과 불안과 비전이 없는 나날을 보내야 한다. 좀비족형의 팀장은 언제나 윗사람에게 잘 보이기 위해 안간힘을 쓰며 때로는 팀원을 팔아먹는 파렴치한이다. 뒷짐 지고 콧노래나 부르며 사장이 나타나면 미소를 지으면서 미사여구를 늘어놓는다. 팀원들의 업적을 자신의 공으로 만들기 위해 음흉한 생각에 바쁘다. 잔머리만 가득한 유형으로 팀원들이 함께 일하기 가장 싫어하는 유형이다.

¤ 좀비족형 팀장의 특징

팀원에게 자주 하는 말	대표적인 행동유형	주변 사람들의 반응
• 왜 요즘 거래처 인사가 뜸하지? • 일만이 능사가 아냐? • 자네는 윗사람을 섬길 줄 몰라? • 인사는 퇴근 후에 이루어지는 거야!	• 윗사람을 자주 동원하며 지시한다. • 믿음을 주지 못하며 팀원들이 모이는 것을 꺼린다. • 팀이나 조직보다는 오직 자신의 보신에 신경 쓴다. • 말만 앞선다. • 전형적인 기회주의자다.	• 감언이설에 능하다. • 본받을 만한 리더십이 없다. • 팀원의 공을 자기의 것으로 포장한다. • 처세에만 능하다. • 윗사람에게는 간이라도 빼줄 듯하다.

좀비족형 팀장은 리더가 될 수 없다지만 그런 유형의 사람들이 의외로 리더의 자리에서 영향력을 행사하는 경우가 많다. 이런 상황에 놓인 팀원들은 금방 지치고 피로를 쉽게 느낀다.

따라서 그가 갈 수 있는 길은 성실하게 사는 길뿐이다. 그렇지 못하면 그는 늘 신뢰감을 주지 못하고 주변 사람들은 서서히 그의 곁을 떠날 것이다.

리더는 아무리 뛰어난 전문지식을 갖고 있다 하더라도 혼자는 리더가 될 수 없다. 그를 따르는 사람이 없는 한 그는 리더가 아니라 독불장군이기 때문이다. 따라서 주변 사람들에게 신뢰감을 주고 팀을 유지하는 것이 그가 좀비족 굴레에서 벗어나는 일이다.

여섯 번째 유형, 나무늘보형 팀장

시대에 뒤처져 있고 팀원들보다도 고루한 사고를 하고 있다. 게으르고 자기혁신이 없는 유형이다. 나무늘보는 10센티를 가는 데 30초나 걸린다. 그러면서 끈질기게 나무에 매달려 있다. 스피드 시대에 느리고, 잘릴 것이 두려워 두 손으로 나무토막을 안고 있는 격이다. 살기 위해 죽도록 출근은 하지만 비전도 없고 변화도 없다. 팀원들보다도 뒤처져 있으며 때로는 먹고살기 위해 팀원들에게 손을 내미는 유형이다. 주변 환경의 변화에 순응하지 못하며 게으름 그 자체를 갖고 발버둥질을 친다. 자기 주변에 기발한 아이디어와 날고기는 팀원들이 있다는 것조차 인정하지 못한다. 그저 시간이 지나면 월급이 나오고 나무가 쓰러지지 않는 한 자신은 떨어지지 않는다고 믿는다. 팀원에 대한 리더십은 찾아볼 수 없고 먹고살기 위해서 팀원의 눈치나 보는 유형이다.

✿ 나무늘보형 팀장의 특징

팀원에게 자주 하는 말	대표적인 행동유형	주변 사람들의 반응
• 세월이 좀 먹냐? • 자네 돈 좀 빌려 주게. • 나 대신 자네가 부장님에게 말해 보게. • 뭐 잘한다고 두 봉투 받냐?	• 자신만 안다. • 팀원들의 재능을 모른다. • 시대에 뒤처져 있다. • 아이디어가 없다. • 변화가 없다.	• 팀원들의 눈치나 본다. • 비전을 주지 못하며 소리를 내지 못한다. • 늘 잘릴 것을 두려워한다. • 성과보다는 현상유지에 급급하다. • 그는 늘 혼자다.

나무늘보는 주변 환경의 변화에 대처할 수 있는 능력이 없다. 밤이나 낮이나 잠을 자며 자기도취에 빠져 있기 때문이다. 그가 갖고 있는 아이디어가 아무리 멋지고 훌륭하더라도 시대의 흐름에 맞지 않는다. 그는 그저 나무에 매달려 세월을 낚는 사람일 뿐이다. 신속한 의사결정이 리더의 무기인데 그를 모시고 사는 팀원들은 덩달아 게으름뱅이가 되어야 하며 늘 타부서에 비해 정보에 뒤지고 뒷북이나 치는 존재로 전락하고 만다. 그가 리더로 거듭나기 위해서는 앞서가는 습관, 이끌어가는 능력, 비전을 제시하는 리더로 환골탈태(換骨奪胎)해야 한다. 그리고 지금 당장 나무에서 내려와 드넓은 들판을 달리며 미래를 개척해 나가야 한다.

일곱 번째 유형, 앵무새형 팀장

행동은 없고 말만 앞서는 유형이다. 소신과 철학 없이 상사의 목소리나 대변한다. 팀원들의 고충은 이해하지 못하며 입으로만 연명한다. 늘 입으로는 최고다. 하지만, 실적이 없고 변명하기 바쁘다. '사장님의 지시다. 회사의 정책이다.' 등은 그의 단골메뉴다. 팀원들에게는 믿음을 주지 못하며 팀원들도 이미 포기한 지 오래다. 그에게 팀은 존재하지 않는다. 그러니 팀원도 없다. 그저 눈치나 보며 앵무새처럼 말로만 한몫 챙기려 든다. 그가 속한 팀은 언제나 콩가루다. 구심점이 없다. 하지만, 그는 늘 말재주가 뛰어난 리더다.

◻ **앵무새형 팀장의 특징**

팀원에게 자주 하는 말	대표적인 행동유형	주변 사람들의 반응
• 윗사람 지시니 나도 어쩔 수 없네! • 하라면 하지. 왜 말이 많아? • 서러우면 이 자리에 앉으라고! • 일단 잘 보이는 게 중요하지 않나?	• 팀에 대한 소속감보다는 윗사람 눈치가 더 중요하다. • 팀원은 언제든지 말로 움직일 수 있다. • 행동이 없다. • 팀원을 이끌만한 소신이 없다. • 리더로서 철학 없이 행동한다.	• 신뢰가 부족하다. • 말만 앞선다. • 그런 리더는 필요 없다. • 팀원에 대한 배려가 없고 비전도 없다. • 팀원이 상사 만나는 것조차 꺼린다.

앵무새는 말하기만을 좋아한다. 그것도 소신 있는 말이 아니라 그저 흉내를 내는 정도다. 주관이 없기 때문에 책임질 일을 회피하며 전달자 역할에 그칠 수 있다. 팀원들은 늘 그를 말치레(립서비스)에 뛰어난 달인이라고 부를 것이다. 그가 리더로 거듭나기 위해서는 지금 당장 행동하는 자세를 보여주는 것이다.

리더는 행동하는 사람이지 말이나 그럴듯하게 늘어놓는 기술자가 아니기 때문이다. 게다가 앵무새는 감정이 없다. 그가 여전히 말로만 리더가 되기를 고집한다면 결국 혼자 남게 될 것이 분명하다. 리더는 말하는 재주가 뛰어난 사람이 아니라 행동함으로써 주변 사람들에게 영향력을 행사하는 사람이다.

지금까지 7가지 팀장의 유형을 살펴보았다. 분명 당신도 이 안의 어딘가에 속해 있다. 스스로 평가해보고 어떤 유형인지 진단해 보라. 다시 말해 당신이 팀장이라면 어느 유형의 자리에 있는지, 만약 팀원이라면 우리 팀장은 어느 유형에 속하는지 나름대로 분석해 보고 판단해 보시라.

- 나는 모든 것을 집어먹을 듯 창공을 나는 독수리인가?
- 나는 개인보다 팀을 중시하는 기러기인가?
- 나는 한 가지만 가지고 온갖 재주를 다 부리는 거미형인가?
- 나는 죽도록 일만 하다 죽는 개미인가?
- 나는 기회만 보이면 잔머리를 굴리는 좀비족인가?
- 나는 세월아 네월아 하는 걱정 없는 게으름뱅이 나무늘보인가?
- 나는 그저 입만 살아 있고 윗사람 지시나 전달하는 앵무새인가?

하지만, 어떤 유형이든 기분 나빠하지 마라. 내가 어떤 유형인가를 아는 게 무엇보다 중요하다. 팀장의 자리는 승진의 끝이 아니라 더 큰 꿈을 개척해 나갈 또 하나의 출발선이다.

그러므로 명심해라. 내가 될 수 있는 나는, 언제나 내가 꿈꾸는 나인 것을….

그럼, 유능한 팀장은 어떤 팀장일까? 다음 내용이 여러분께 기준점을 제시해 줄 것이다.

유능한 팀장이란?

◈ 팀원들에게는 맏형, 상사에게는 주춧돌 역할을 한다.

◈ 팀원들의 정보원과 문제해결사 역할을 한다.

◈ 인간중심의 문화를 만들어 간다.

◈ 독불장군이 아니라 직원들과 늘 함께 호흡한다.

◈ 팀원에게 믿을 만한 멘토(Mentor)가 된다.

◈ 팀원이 능력을 100% 쏟아낼 수 있도록 동기부여를 한다.

◈ 조직 내에 보이지 않는 벽을 찾아 허문다.

◈ 회사문제에 가능한 한 직원들을 참여시킨다.

◈ 직책에 얽매이지 않고 행동하는 리더십을 발휘한다.

◈ 골잡이가 되기보다는 미드필더가 되어 뛴다.

팀장유형을 진단해 보자!

지금까지 앞에서 제시된 팀장유형 중에서 당신은 어떤 유형의 팀장인가? 스스로 진단해 보고 다음 질문에 답변해 보자.

❶ 나는 ○○○형 팀장이다. 그 이유는 다음과 같다.
   첫째, _____
   둘째, _____
   셋째, _____
이기 때문이다.

❷ 나는 ○○○형 팀장으로서 다음과 같은 강점과 약점, 그리고 위협과 기회를 갖고 있다. SWOT 기법에 의하여 자신을 스스로 진단해 보자.

첫째, S (강점) _____

둘째, W (약점) _____

셋째, O (기회) _____

넷째, T (위협) _____

❸ 나는 ○○○형이기 때문에 팀장 역할을 하는데 어려움을 겪고 있다. 그 이유는 다음과 같다.

첫째, _____

둘째, _____

셋째, _____

이기 때문이다.

❹ 현재 나는 ○○○형인데 앞으로는 ○○○형으로 변해가고 싶다. 그 이유는 다음과 같다.

첫째, _____

둘째, _____

셋째, _____

이기 때문이다.

❺ 가장 바람직한 유형의 팀장은 ○○○형이라고 생각한다. 그 이유는 다음과 같다.

첫째, _____
둘째, _____
셋째, _____
이기 때문이다.

Refined Humor Stretching

유머감각 없는 당신, 출근하지 마라

● 직장도 놀이터가 될 수 있다

직장은 놀이터가 될 수 없을까? 그보다 먼저 놀이의 개념을 따져 보자. 아이들은 놀이에 빠지면 밥 먹는 시간도 잊어버리고 뛰어논다. 온몸에는 땀이 나고 배고파도 배고픔을 잊고 즐긴다.

왜일까?

그것은 바로 놀이 속에 몰입하고 있기 때문이다. 그리고 그 안에 성취감과 재미가 녹여 있기 때문이다. 이런 현상은 사실 아이들뿐만 아니라 어른들도 마찬가지다. 그렇다면, 놀이가 그저 시간만 보내며 허송세월하는 것은 아니지 않은가? 그렇다. 놀이야말로 창의성이다. 놀이는 열정 그 자체다.

그러면 이제 답을 논해 보자. 직장은 놀이터가 될 수 없을까?

대답은 간단하지 않은가. 그런데 우리는 왜 그 놀이정신을 숨기며 살고 있는가? 소위 제대로 된 놀이문화가 없다. 직장이 단순히 먹고살기 위한 수단이나 도구가 되어서는 안 된다. 그 자체가 행복의 놀이터가 되어야 한다.

이제부터라도 직장이 놀이터가 될 수 있는 문화를 가꾸어 보면 어떨까? 일과 놀이는 하나가 되어야 한다. 콧노래 부르며 재미있게 일할 수 있는 일터는 이상이 아니다. 바로 지금부터 만들어 나갈 수 있다. 이것이 유머경영이다.

그런데 그보다 선행되어야 할 것이 있다. 조직의 허리인 팀장부터 썰렁한 가운을 벗어던지고 '유머리스트'로 다시 태어나야 한다.

혹시 당신은 회사에서 왕따 당하는 팀장은 아닌가? 그렇지 않다면 다행이지만, 만약 그렇다면 보통 큰일이 아니다. 지금 당장 소리쳐라. 그리고 또 소리쳐라.

"나는 썰렁하다. 나는 썰렁하다. 그래서 나는 웃긴다."

...

웃기는 방법이 여러 가지가 있지만 이 경우라면 좀 이상하게 직원을 웃기는 팀장일 것이다. 그렇다고 의기소침할 필요는 없다. 앞으로는 점점 더 유머 있는 팀장으로 거듭날 거니까.

이제는 일만 잘하는 것으로 인정받던 시대는 지났다. 조직관리라는 것도 단지 팀워크나 잘하고 성과를 잘 달성하면 인정받는 시대도 지났다.

유능한 리더란 훌륭한 일터, 행복한 일터를 만들어야 한다. 일과 행복은 분리될 수 없다. 요즘 강조되고 있는 WLB(Work Life Balance) 운동도 따지고 보면 일과 삶의 균형을 잃지 말자는 취지가 아닌가?

그렇다면, 어떻게 하면 유능하면서도 재미있는 팀장으로 인정받을 수 있을까?

◈ 먼저, 펀리더가 된다.

◈ 일터에 놀이정신을 심는다.

◈ 일이 노동이 아니라 오락이 되게 한다.

◈ 함께 웃을 수 있는 유머파티를 자주 연다.

◈ 머리 나쁜 사람은 유머감각도 떨어진다는 사실을 알린다.

이제는 일하기 위해서 출근하는 것이 아니라 일 자체가 행복추구의 장이 되어야 한다. 그러기 위해서는 가정과 직장이 하나가 되어야 한다. 소위 가사불이(家社不二)다. 집과 가정은 분리될 수 없는 하나가 되어야 한다.

그러기 위해서 직장은 가정처럼 편안하고 행복한 보금자리가 되어야 한다. 이에 대하여 마크트웨인은 이렇게 외쳤다. "Vocation이 Vacation이 되게 해라."

일(Vocation)이 즐거운 놀이, 여가, 휴가(Vacation)가 되게 하라는 것이다. 일을 놀이로 만드는 것이 얼마나 간단한가. 일에서 O를 A로만 바꾸면 되지 않는가. 그렇다. 무엇이든 지금부터 하나만 바꾸어 나가면 놀이터처럼 재미있는 일터가 될 수 있다.

지금 당장 혁신해라. 직장을 놀이터로 만들어 놓을 수 있는 자신만의 '유머의 비책'을 꺼내 써라.

Refined Humor Stretching

현재 나의 유머지수는 얼마나 될까

● 유머는 타고나는 게 아니라 만들어진다

 멋진 유머를 구사하고 웃음을 잃지 않기 위해서는 철저한 자기관리가 이루어져야 한다. 진정한 유머실력은 타고나는 것이 아니라 만들어지는 것임을 잊지 말자. 게다가 내가 웃지 않으면 아무런 소용이 없다. 조직이 변하고 팀원들이 달라지기 위해서는 나(팀장, 리더)부터 유머를 구사할 수 있는 능력이 있어야 한다.

 명심해라. 유머리스트는 태어나는 것이 아니라 만들어진다는 것을. 그리고 지금부터 시작해라. 그러면 당신 자신과 가정, 직장, 사회가 달라지고 당신 주변에 사람들이 모여들 것이다.

 다음 평가항목을 읽고 스스로 자신의 유머지수를 평가해 보기 바란다.

평가항목	선택
❶ 나는 멋진 유머감각을 갖고 있다고 생각한다.	⑤ ④ ③ ② ①
❷ 대인관계 및 업무에서 유머가 중요하다고 생각한다.	⑤ ④ ③ ② ①
❸ 일과 삶에서 유머의 중요성을 알고 있다.	⑤ ④ ③ ② ①

평가항목	선택
❹ 유머가 직원들에게 사기를 심어 준다고 생각한다.	⑤ ④ ③ ② ①
❺ 언제나 개방적인 마인드를 갖고 있다	⑤ ④ ③ ② ①
❻ 좋은 직장을 만들기 위해서 유머를 사용한다.	⑤ ④ ③ ② ①
❼ 유머 있는 사람과 어울리기를 좋아한다.	⑤ ④ ③ ② ①
❽ 유머의 가치를 잘 알고 있다.	⑤ ④ ③ ② ①
❾ 유머를 배우기 위하여 노력한다.	⑤ ④ ③ ② ①
❿ 항상 웃기 위해 노력하는 편이다.	⑤ ④ ③ ② ①
⓫ 변화에 순응하는 편이다.	⑤ ④ ③ ② ①
⓬ 코미디 프로를 즐겨보는 편이다.	⑤ ④ ③ ② ①
⓭ 회의시간에 유머 있는 언어를 사용하기 위해 노력한다.	⑤ ④ ③ ② ①
⓮ 유연한 사고를 하는 편이다.	⑤ ④ ③ ② ①
⓯ 업무현장에서 유머가 성과를 내는데 도움이 된다고 생각한다.	⑤ ④ ③ ② ①
⓰ 10가지 이상의 유머를 구사할 수 있다.	⑤ ④ ③ ② ①
⓱ 가정이나 직장에서 유머가 가득한 환경을 만들기 위해 노력한다.	⑤ ④ ③ ② ①
⓲ 웃는 연습을 해본 적이 있다.	⑤ ④ ③ ② ①
⓳ 스트레스를 쉽게 극복하는 편이다.	⑤ ④ ③ ② ①
⓴ 유머 있는 직원을 더 좋게 평가하는 편이다.	⑤ ④ ③ ② ①

* 이상의 내용을 분석하여 평점이 4.0 이상이면 우수한 유머팀장, 3.0 이상이면 보통의 유머팀장, 2.5 이상이면 노력이 요구되는 유머팀장, 2.5 이하이면 지금 당장 짐을 싸야 할 팀장이다.

잠깐!
짐을 싸기 전에 다음에 이어지는 내용들을 살펴본 후 싸도 늦진 않을 것이나.

Refined Humor Stretching

2장 팀장의 딜레마

한국에서 팀장으로 일한다는 것, 팀장들이 겪고 있는 딜레마

¤ 문제를 제대로 파악해야 해결의 실마리를 찾을 수 있다

How to Improve the Morale with a Word!

팀장의 운명은 팀원에 의해 결정된다 / 팀 차원에서 겪는 10가지 딜레마 / 개인 차원에서 느끼는 7가지 딜레마 / 리더십 차원에서 겪는 15가지 딜레마 / 팀장의 역할을 수행하는 데 도움을 주는 7가지 / 팀장들이여~ 리더로서 겪고 있는 딜레마를 진단해 보자

Refined Humor Stretching

팀장의 운명은
팀원에 의해서 결정된다

● 왜곡된 팀장리더십과 그 해결방안은

팀장의 운명을 좌우하는 것은 상사가 아니다. 아직도 상사에 의존하는 팀장이 있다면 그의 수명은 오래가지 못할 것이다. 그를 평가하고, 죽이고 살리는 것은 그의 팀원들이다. 팀장은 팀원들의 성과에 의해서 평가 받고 운명이 좌우된다. 그러므로 어떻게 팀원들과 호흡하고 그들과 미래를 함께하느냐에 따라 팀의 운명뿐만 아니라 팀장의 운명까지도 달라질 수 있다.

문제는 대부분의 팀장이 시간이 지나면서 초심을 잃고 자신의 자리를 지키기 위하여 왜곡된 리더십을 발휘한다는 것이다. 원칙과 상식을 알고 있으면서 때로는 자신의 이익과 승진을 위하여 변질한 리더십으로 직원들을 몰아붙이고 그들이 자신의 명령에 따라 주기를 원한다는 것이다.

왜 팀장은 이런 악수를 두는가?

무엇이 팀장을 딜레마에 빠지게 하는가?
왜 팀원의 욕구는 보지 못하고 자신의 이익은 잘 보는가?
왜 조직이 부여한 권위를 권력으로 둔갑시켜 휘두르는가?
무엇이 조직의 비전을 개인의 야심으로 채우게 하는가?

우리는 지금껏 이미 수많은 팀장 관련 유사도서를 통해서 팀장리더십을 개발하고 발휘하기 위해 일반적인 정보를 학습해 왔다. 따라서 이 책에서는 팀장리더십이 무엇인지, 그리고 팀장리더십이 왜 필요한지보다는 리더인 팀장이 겪고 있는 문제점을 찾아보고 그 문제점을 어떻게 해결하며, 어떻게 극복할 것인가의 관점에서 팀장리더십을 다루고 있다. 다시 말해서 문제해결의 방안으로서 '유머가 주는 웃음'의 의미와 파급효과, 직장에서의 유머, 유머코칭 등을 다룬다. 또한, 왜곡된 '팀장리더십'의 다양한 사례와 해결방안까지 제시하고 있다. 팀장들이 겪고 있는 딜레마를 털고 더 멀리 날 수 있는 비법들이 이 안에 있다.

◈ 나는 무엇 때문에 개인적인 딜레마를 겪고 있을까?
◈ 무엇이 조직차원에서 잔머리나 굴리게 하는 것일까?
◈ 나는 리더인가, 관리자인가?
◈ 나는 왜 내 출세를 위해 팀원들을 이용하려 하는가?
◈ 나는 왜 팀장이라는 자리를 보신용으로 활용하는가?
◈ 나는 왜 팀장으로서 능력을 발휘하지 못하는가?

팀장에게 요구되는 것은 비단 리더십 차원의 문제만은 아니다. 개인의 성공, 안전 그리고 부하의 다양한 욕구충족, 조직의 기대수준 등을 충족시킬 수 있는 전문지식과 보이지 않는 것을 보게 할 수 있는 능력이 필요로 된다.

하지만, 이러한 것들이 무거운 짐이 될 수 있다. 그러므로 팀장은 늘 조직과 직원, 그리고 자신의 욕구를 균형 있게 충족시킬 수 있는 리더십이 필요하다.

그러나 가장 훌륭한 리더는 자신에 의하여 만들어진다는 사실을 명심해야 한다. 또한, 멋진 리더십은 나보다 우리를 기억할 때 가능하다.

팀장은 우상인가, 걸림돌인가. 혹은 후배들로부터 존경의 대상인가 아니면 비난의 대상인가? 위로부터 인정받고, 미래가 촉망되는 자리인가, 모든 책임을 뒤집어써야 하는 희생양인가?

요즘 일부 기업에서는 팀장으로 승진하기보다는 그저 팀원으로 남기를 원하는 사람들이 늘어나고 있는 것 또한 우리의 현실이다. 아마 그런 부류의 사람들에게 팀장으로의 승진은 오히려 큰 부담이 아닐 수 없다.

왜 팀장은 이 같은 딜레마에 빠지는가?

조직이 팀장에게 요구하는 것이 과도한가, 아니면 그저 팀장의 능력이 부족할 뿐인가? 앞서 이미 언급했듯이 유머 있는 팀장으로 거듭나기 이전에 팀장이나 리더가 무엇 때문에 고민하고, 어려움을 겪는지 알아야 한다. 팀장(리더)이 겪는 딜레마를 팀, 개인, 리더십 차원에서 논의해 보자.

다음에 이어지는 내용은 박 팀장과 강 교수의 대화를 통해 현재 겪고 있는 문제점들을 인식하고, 난관을 극복하여 해결해 나가는 일련의 방편들을 보여주고 있다. 이미 알고 있는 내용일 수도 있다. 하지만, 알면서도 간과하는 자세 또한 우리들의 문제점을 해결하지 못하는 커다란 장벽일 수 있다. 한 번 더 살펴보고 기억하여 마음속에 새겨 두도록 하자. 유머 있는 팀장으로 가기 위한 굳건한 초석이 되어 줄 것이다.

Refined Humor Stretching

팀 차원에서 겪는 10가지 딜레마

● 박 팀장과 강 교수의 딜레마 이야기, 하나

하나, 비전을 제시하지 못한다

박 팀장은 요즘 안절부절못한다. 전년대비 팀 성적은 형편없이 낮아지고 언제부턴가 팀원들은 개인주의에 빠져 주어진 일이나 하면 된다는 풍조가 만연하다. 팀장으로 승진했을 당시의 패기나 열정은 어디에서도 찾아보기가 어렵다.

무엇보다도 그 자신이 그렇게 느끼고 있다. 성과에서 밀리고 자신이 무기력해져 가는 것을 냉철하게 깨닫지 못하는 것이 안타깝다. 지난달에는 경고까지 받았다. 5년 전 팀장으로 승진할 당시 신규사업 프로젝트를 추진한 것을 빼면 그 팀은 이렇다할 변화가 없다. 이러다간 그의 팀과 박 팀장 자신이 구조조정 대상이 될 수도 있다는 불안감이 팀원들 사이에서 팽배하다.

박 팀장은 이 난관을 극복하기 위해 동분서주 뛰어 보지만 마땅한 해결책이 보이지 않는다. 서서히 늪에 빠져 드는 느낌이다. '왜 내가 이런 딜레마에 빠져 있지?' 그는 스스로 딜레마에 빠져 든다는 불안감에 사로잡혔다. 그러나 정확히 무엇이 문제인지 어디에서부터 고쳐 나가야 할지 파악하지 못하고 있다.

리더십이나 부하관리 경영전략 등 많은 책을 읽고 강좌나 세미나에 참석해 보았지만 상황은 여전하다. 고심 끝에 그가 찾아간 사람은 그를 애 제자로 반겨 주시는 교수님이다. 박 팀장이 힘들 때마다 강 교수는 비전을 주었고 명쾌한 답을 주었다. 더군다나 강 교수는 조직관리 리더십 분야에서 인정받고 있는 자타가 인정하는 리더십 전문가다. 박 팀장은 강 교수를 통해서 스스로 앓고 있는 딜레마를 치유할 수 있으리라는 마지막 희망에 들떠 있다.

"박 팀장, 자네가 겪는 문제는 조직의 리더라면 누구나 한번쯤 부딪치게 되는 문제야."

"아마 대부분의 팀장은 팀원들에게 비전을 주는 것이 조직의 발전과 그들로부터 존경받는 일이라는 것을 알고 있어요. 그런데 왜 자꾸 새로운 문제를 만나게 되죠?"

"누구나 처음에는 그런 주문을 받고 출발하지만 사정은 그렇지 못하다는 거야."

"왜죠? 저는 늘 최선을 다한다고 했는데……."

"희생과 열정만으로는 부족하지. 대부분의 팀장은 자신의 무능과 능력의 한계를 체험하게 되지."

"저는 그렇게 생각해 본 적이 없어요."

"그렇지 않아. 그런 사고가 자네를 힘들게 하고 있어."

"정말 저는 조직을 위해 최선을 다했다고요. 주말이면 가족들하고 단란한 시간도 못 보내고……."

"그런데 대부분의 리더는 시간이 지날수록 선배들의 구태(舊態)를 답습하게 되고, 무사안일주의에 빠지게 되거든. 뒤돌아보게 자네도 지금 그 상황에 놓여 있을 게야."

강 교수의 지적에 박 팀장은 묵묵히 듣고만 있었다. 사실이 그러했기 때문이다. 이 같은 문제들을 해결해 보고자 옛 스승을 찾아온 것이다.

그는 강 교수의 말 한마디 한마디를 놓치지 않으려 바짝 다가서면서 중요한 이야기는 꼼꼼히 메모하기 시작했다.

"결국은 자기희생보다는 보신 쪽으로 비전이 왜곡되고, 이는 팀원들에게 용기를 주기보다는 오히려 부담스러운 존재로 남게 되거든…. 팀장은 팀원이 존재하는 범위 내에서 존재가 가능한데, 서서히 혼자 배를 몰고 가는 '홀로된 선장으로 전락'하는 경우가 흔하게 일어나고 있어."

"그럼 제가 혼자 북 치고 장구 치고 소리쳐 왔다는 말이군요."

"하여튼 팀원들과 호흡이 안 맞으면 어떤 일도 계획할 수 없지 않겠어?"

"그럼 팀원들과 호흡하는 비책이라도 있나요. 그걸 말씀해 주세요. 교수님!"

"허허. 그걸 비책이라고까지 말할 수는 없지만……. 미래를 함께 보아야 한다는 거야."

"미래를 함께 본다고요?"

"그래. 바로 비전 말일세."

박 팀장은 문득 대학교 다닐 때의 강의실을 떠올렸다. 강 교수가 강조하는 단어는 언제나 비전이었다. 비전이 없으면 개인도 조직도 없다는 것이 그의 철학이었다. 강 교수는 계속 말을 이어갔다.

"비전을 제시하지 못하는 팀장은 후배들에게 걸림돌일 뿐이거든. 조직차원에서 볼 때 자신의 야망이나 불태우는 개인적인 욕망을 달성하는 그저 이기주의자에 지나지 않아. 팀워크는 팀원들이 단지 서로 마주 본다고 형성되지는 않아. 팀장을 중심으로 서로 한 방향, 즉 미래를 마주볼 때 형성되는 것이야."

"그렇군요. 교수님…."

둘, 이중성이 있다

"그런데 그게 쉽질 않아요. 저도 처음에는 직원들 입장에서 소리치겠노라고 결심한 적이 있거든요."

"잘 알고 있네. 우선 팀장은 상사의 입장을 대변해야 하니까."

"그러면서 동시에 후배의 입장을 대변해야 한다는 것이죠."

"그렇지. 하지만, 유능한 팀장일수록 후배 편을 들어주기 위해 노력해야 한다는 거야. 그러나 사정이 그렇지 못한 게 조직의 생리지. 자칫 상사와 부하 사이에서 이중의 고충을 겪는 딜레마에 빠져들 수가 있어."

"그렇다고 자기만의 독자노선을 걸을 수는 더욱더 없잖아요."

"바로 그게 팀장이 겪는 고충이면서 또한 기회인지도 모른다고 생각해 본 적은 없나?"

"글쎄요…."

갑작스런 강 교수의 질문에 박 팀장은 말문이 막혔다.

"하지만, 팀장들이 이 딜레마를 기회로 만들기 위해서는 부하와 상사의 협조가 뒤따라야 한다는 거야."

"그런데 상사는 상사대로 부하는 부하대로 늘 저에게 새로운 것을 요구하는 것 같아요."

"그게 바로 현실이야. 하지만, 팀장이 이기적인 한 그들 또한 자기중심적으로 나갈 거야. 그래서 팀장은 이중적인 구조를 가져야 하는 현실을 갖게 되는 거야. 상사의 입장만 대변하면 '예스맨'이라는 비난을 받을 거야."

"그렇다고 부하입장만 대변할 수도 없잖아요."

"낭연하지. 그러면 조직의 사명을 모른다 할 것 아닌가?"

셋, 직위를 권력으로 활용한다

"처음에 팀장으로 승진하면서 저는 대단한 권력을 부여 받은 느낌이었어요."

"그랬었나?"

"그 맛에 승진하는 거 아닌가요?"

"물론 팀장에게는 그만한 권한이 주어지지. 그런데 그것이 자칫 독약이 될 수 있어."

"독약이라뇨?"

"유능한 팀장은 조직이 그에게 부여한 권한을 보다 적게 활용을 해."

"그러면 소신이 없는 것 아닌가요?"

"그렇지 않아. 그 권한이 자기의 권한이면서 동시에 팀원들의 권한이라는 것을 알고 있기 때문이지. 그래서 늘 그 권한을 팀원들에게 나누어 주길 원하지."

"왜죠?"

"권한을 나눌수록 팀원들의 사기가 오르고 열정적으로 일한다는 것을 누구보다도 잘 알고 있기 때문이야. 그런데 대부분의 팀장은 직위가 주는 권력의 달콤함에 빠져 허우적거린다는 거야. 그래서 일방적으로 지시하게 되고 상명하복 식의 커뮤니케이션 구조를 갖게 되는 거지."

박 팀장은 강 교수의 날카로운 지적에 얼굴이 달아올랐다. 어쩌면 그 자신이 그런 팀장이었기 때문이다.

"그렇군요."

"그런 팀장은 성과를 나누기보다는 챙기기에 바쁘며 늘 후배들에게 채찍질하기 바쁘지. 권력을 발휘하는 것이 능력이라고 믿고 있기 때문이야."

"마치 주어진 권력을 사용하는 것이 능력이라고 믿는다는 거군요?"

"바로 그거야. 직위가 권력을 부여한다고 믿는 팀장은 점차 그의 권한을 잃게 돼. 그것을 팀원들에게 나누는 팀장들에 의해서 말이지."

"그래서 유능한 팀장은 직위가 주는 권력보다는 스스로 권력을 창출해 나가는 리더십을 발휘해야 한다는 말씀이군요."

"이제야 말이 좀 통하는구먼."

넷, 일관성이 없다

"저는 리더가 된다는 것이 이렇게 힘든 줄은 몰랐어요."

"그러니까 누구나 리더가 될 수 있는 게 아니질 않는가?"

"그런데, 도대체 왜 팀장이 모든 일을 책임져야 하죠?"

"팀장은 조직의 허리야. 허리가 휘청거리면 조직 전체가 요동치는 법이지. 자신의 허리가 조직의 안전성과 연관되어 있다는 사실에 늘 긴장해야 해."

　박 팀장은 강 교수를 통하여 자신이 얼마나 안일하게 처신해 왔는가를 새삼 깨달을 수 있었다. 특히 팀장의 역할을 강조하시는 스승을 통해서 진짜 팀장으로 태어나는 느낌이었다.
　"그런데 그의 허리는 그가 관리하는 대로 일관적이지 못한 것이 조직이야."
　"바로 그거죠. 제가 늘 그걸 느끼고 있어요."
　"그럼, 왜 그렇다고 보나?"
　"글쎄요. 아마 경쟁에서 이기고 성과를 내야 하기 때문이 아닐까요?"
　"맞아. 조직은 그에게 늘 새로운 것을 요구하지. 시장상황에 따라, 경쟁사의 전략에 따라 무엇인가 새로운 것을 만들어 낼 것을 위로부터 꾸준히 요구 받는다는 거야. 때로는 그의 허리로는 감당하기 힘들만큼 무거운 짐을 부여 받질 않는가. 상황에 따라서 한 입으로 두 말을 해야 살아남는다고 믿고 있어."
　"교수님께서 정확히 말씀해 주신 것 같아요. 어떻게 그렇게 제 마음을 꿰뚫어 보고 계세요?"
　"허허. 이제 내 말발이 좀 제대로 서는구먼."
　"지당하신 말씀이죠."
　"팀장 또한 가장으로, 직장인으로 살아남기 위해 늘 새로운 변화의 바람에 맞서 춤을 추어야 하지. 부하들은 이러한 그를 일관성 없이 사장의 비위나 맞추는 예스맨으로 오해할 수도 있어."

"제가 겪는 고통이 바로 그거라고요."

"그런 것이 팀장의 허리를 더욱 아프게 만들지. 이래저래 팀장은 위에서 짓누르고 아래로부터 비난 받는 비운의 주인공이나 다를 게 없지. 이렇듯이 겪고 있는 문제들을 해결하기 위해서는 그야말로 발버둥질을 쳐야 한다니까."

다섯, 부하를 성공의 디딤돌로 삼는다

"요즘은 상사들 비위 맞추기가 더 어려워지고 있어요."

"그래?"

"제 운명은 상사들 손에 달렸잖아요?"

"자네 뭔가 착각에 빠져 있구먼."

"착각이라뇨?"

박 팀장은 강 교수가 무엇을 말하려는 것인지 정확히 알지 못하고 우두커니 바라보고만 있었다.

"팀장의 운명은 상사에게 달린 게 아니야."

강 교수는 보다 단호하게 힘주어 말했다.

"그러면……?"

"팀장의 운명을 좌지우지하는 것은 그가 평가해야 하는 부하의 손에 달렸어. 부하들의 업무실적이 그의 실적이기 때문이지. 그래서 유능한 팀장은 상사보다는 부하를 섬기는데 주저하지 않는다는 거야. 그런데 이런 잘못된 태도가 비난의 대상이 될 수 있다는 것은 알고 있지?"
"네? 비난의 대상이라뇨?"

박 팀장은 의아하게 강교수를 바라보며 질문했다.
"마치 성공하고 출세하기 위해 부하를 디딤돌로 삼고 있다는 말이지."
"네. 그럴 수도 있겠네요."
"가능성이 아니라 그게 현실이야. 팀장은 부하를 섬기는 만큼, 자신이 섬김을 받고 있다는 사실을 알고 실천하지만 현실은 그렇지 못한 경우가 허다해. 그래서 팀장은 외롭다는 거야."
"그래서 제가 교수님을 찾아온 것 아닙니까?"

여섯, 권한은 주지 않고 책임만 묻는다
"요즘 후배들은 사명감이 부족한 것 같아요."
"책임감도 부족하고 주어진 일이나 하며 만족하고 있으니……."
"자네 고충을 이해하네."

박 팀장은 강 교수의 배려에 기분이 좋았다. 마치 해결사를 만난

듯 그동안 받았던 스트레스가 날아가는 듯했다.

"팀장의 자리는 부하를 독려하고 더 큰 성과를 이끌어 내기 위해 동기를 부여하고 비전을 심어주는 자리야."

"잘 알고 있습니다. 교수님."

"그러면서 동시에 부하를 냉철히 평가해야 하는 자리이기도 하지. 문제직원에게는 책임을 묻고, 필요에 따라서는 인사조치라는 강수를 두어야 하지."

"그런데 그게 쉬운 일이 아니더라고요."

"그럴 수도 있지. 또한, 그는 종종 비난을 받기도 하는데, 권한은 주지 않고 책임만 물으려 하기 때문이지. 권한을 적절히 주어야 하는 것이 팀장의 리더십이지만 현실은 또 그렇지 않아. 권한만큼이나 책임이 주어지지 못하면 조직은 더는 앞으로 나갈 수 없기 때문이야."

"맞습니다."

"그리고 권한을 주고 그 대가만큼 성과를 주고받는 식으로 거래하는 자리가 팀장의 역할은 분명 아닐 게야."

"바로 그게 고역이라는 거죠."

일곱, 성과만을 요구한다

"박 팀장. 자네 기업이 왜 존재한다고 보는가?"

"그야 당연히 지속적인 성과를 창출하기 위한 것이죠."

"그렇다면, 성과란 무엇인가?"

"그거야 기업의 비전이고 약속이죠."

"역시 자네는 내 제자야. 하지만, 성과보다 더 중요한 게 있어."

"그게 뭐죠…? 교수님!"

"과정이야. 지나치게 성과중심으로 밀고 나가다 보면 팀의 균형이 깨지고 급기야는 인간적인 조직이 아닌 기계적인 조직으로 전락하고 말거든. 이때야말로 팀원은 생산을 위한 도구에 지나지 않는다는 거야."

박 팀장은 순간 죄의식을 느끼는 듯했다. 자신이 성과만을 만들어 내기 위해 부하들을 채찍질해 온 것 같아 마음이 편치 못했다.

"유능한 팀장은 성과창출에 기술이 있지. 하지만, 경쟁에 쫓기고 목표달성에 얽매이다 보면 인간중심의 팀워크를 유지하기란 그리 순탄한 일이 아니야. 이러한 상황에서 팀장은 딜레마에 빠지기 쉽지. 그가 최종적으로 선택할 수밖에 없는 길은 무엇인가? 아마 대부분의 팀장은 일단 성과창출에 목메게 될 게야. 이것이 현실이니까. 하지만, 그는 늘 고민하지. 이것만이 길은 아니라는 것을."

"어쩌면 그렇게 제 고민을 잘 알고 계시죠. 역시 교수님은 리더십의 대가이십니다."

"그런가. 하하. 그렇다면, 등록금을 다시 내게."

여덟, 권위는 없고 권력만 있다

"요즘은 제가 권위가 있는지 그저 그런 팀장인지 고민이 돼요."

"그런가? 그런데 유능한 팀장은 권위를 사용한다네. 그리고 그것을 부하직원에게 나누어 주기 위해 노력하지."

"실은 저도 그렇게 하려고 발버둥질을 쳐 왔어요."

"그래? 그렇다면, 자네는 일단 유능한 편에 들어가는구먼. 하지만, 무능한 팀장은 늘 권력을 쥐려 하지. 그리고 그것을 혼자 쥐고 누군가가 도전해 오지 않을까 늘 불안에 떨지. 권위는 팀장에게 지속적인 도전을 요구하는 또 하나의 세계야. 그러나 권력은 끝없이 지배하고자 하는 야망의 원천이라고 볼 수 있어. 그러므로 권위를 쥐고 있는 팀장과 함께 일하는 직원들은 같은 미래를 바라보며 비전을 공유할 수 있지."

"권력을 쥐고 있는 팀장은요?"

"물론 그와 함께 일하는 직원들은 늘 서로 경계하며 갈등과 반목 속에서 서로 숨기며 살아가고 있지. 그런데 일부 조직은 팀장으로 하여금 권위보다는 권력을 쥐고 부하를 통제할 것을 강요하는 습성이 있어."

"바로 그게 저를 어렵게 만드는 일입니다."

"권위를 자랑하는 팀장이 조직에서 살아남고 인정받기 위해서 어쩔 수 없이 권력을 선택해야 하는 현실이 비일비재하지."

"100% 동감합니다."

"하지만, 진짜 유능한 팀장은 그 관문을 통과할 수 있는 리더십을 쌓아가는 사람이야."

아홉, 독단적이다

"박 팀장, 자네는 개방적인가 독단적인가?"

"글쎄요."

"대부분의 팀장이 겪는 고충 중의 하나는 독단적이라는 비난을 받는 일이야."

"저도 그런 문제로 고민을 많이 했어요."

"이런 현상은 기업문화가 보수적이고 권위주의에 빠져 있는 경우에서 흔히 볼 수 있는 일이지. 특히 서열을 중시하며 연공서열에 의하여 의사결정이 이루어지는 조직에서 흔히 나타나는 일이야."

"지금 제 회사가 약간 그런 면이 있어요."

"구성원들은 자기가 속한 조직에서 어떤 일이 이루어지고 있는지를 알 수 없는 상태에서는 충성심을 보이려 들지 않는다는 거야. 하지만, 내일 당장 부도가 난다 해도 오픈된 기업문화에서 일하는 직원들이 더 강한 유대감과 팀워크를 보이는 것은 분명해! 그래서 늘 팀장은 귀를 열어야 한다는 거야. 부하직원에게 귀를 열고 그들의 의견을 중시하는 팀장이야말로 유능한 팀장이거든."

"그런데 조직의 생리는 그렇지 못한 경우가 허다하잖아요. 어떤 동료 팀장은 구조적으로 독단적일 수밖에 없음을 고백하는 경우도 있어요."

"자네 심정은 이해하네. 그게 현실이니까. 하지만, 그렇다 하더라도 그런 풍토에서 팀원들이 겪는 심적 부담감은 장차 생산성과 신뢰 풍토를 조성해 나가는데 큰 영향을 주게 된다는 것을 늘 기억하게."

열, 지원은 없고 늘 변화만 강조한다

"무엇보다도 저희 팀 성과가 예년만 못하다는 겁니다. 갈수록 뒷걸음치는 것 같아 고민입니다."

"알면 됐네."

"여러 가지를 시도해 봤지만 별 효과가 없었어요."

"그렇다면, 고민거리군."

"우선 눈에 보이는 게 있어야 할 거 아닙니까?"

"당연하지. 주어진 조건보다 더 큰 성과를 낸다면 그는 분명 유능한 팀장이야. 그러다 보니 어떤 팀장은 열악한 근무 여건 속에서 성과창출에만 열을 올리는 경우가 있어."

"당연한 거 같기도 해요. 교수님. 그것이야말로 위로부터 인정받는 유일한 길이잖아요."

"그런데 또 어떤 팀장은 그것을 능력으로 아는 경우도 허다해. 그런 팀장 밑에서 일하는 직원들은 늘 배고프고 외롭다는 걸 알아야 하는데 말이야."

"네?"

"특히 지원은 없고 알아서 채워 넣으라는 지시만 있기 때문이지. 그리고 신세대들은 맹목적으로 복종하기를 거부한다는 걸 알아야 해."

"저도 그 문제에 신경을 쓰고 있어요."

"그들은 월급보다 일하는 이유에 대해 알기를 원하는 세대야. 단지 승진보다는 성취감을 맛보기를 원한다는 거지. 그런 부하를 다스려야 하는 팀장은 늘 조직과 팀원 사이에서 갈등을 겪고 심한 스트레스를 받고는 하지."

변화의 원칙	팀장을 위한 변화관리 Tip
• 변해야 산다. • 나부터 변하자. • 내가 변화하지 않으면 아무 소용이 없다. • 이 세상에 변하지 않는 것은 모든 것은 변한다는 사실이다.	• 변화의 필요성을 인식해라. • 변화의 저항 요소를 제거해라. • 팀원들에게 변화의 로드맵을 제시해라. • 변화의 비전을 공유해라. • 틀에 박힌 고정관념을 깨라. • 낡은 패러다임에 도전해라. • 팀에 늘 새로운 바람을 불어넣어라. • 항상 현상유지에 의문을 가져라. • 팀에 위기의식을 불어넣어라.

Refined Humor Stretching

개인 차원에서 느끼는 7가지 딜레마

● 박 팀장과 강 교수의 딜레마 이야기, 둘

하나, 조직은 너무 큰 것을 기대한다

"요즘은 제가 샌드위치가 된 느낌이에요."

"왜 그렇게 느끼나?"

"위아래에서 요구되는 것이 너무 많아요. 한 달간 숲 속에 들어가서 푹 쉬었다 왔으면 좋겠어요."

"박 팀장, 그런 느낌은 아무리 깊은 숲 속에 숨는다고 해도 해결되지 않아."

"팀장이라는 게 스트레스만 받다 퇴직하는 건 아닌가 하는 딜레마에 빠진 느낌이거든요."

"휴식이 필요하겠지만 그게 해결책은 아니라는 것을 명심하게."

"저희 회사는 모든 업무가 팀장 중심입니다. 그러니 심적 부담을 가질 수밖에 없어요."

"그건 당연한 이치야. 그러니 자네 같은 유능한 사람이 팀장으로 승진한 게지. 그리고 그만한 회사는 아무나 들어가고 리더가 된다든가."

박 팀장은 은근히 기분이 좋았다. 참으로 오랜만에 들어 보는 칭찬이다. 매일 업무에 차이고 회의에 쫓겨 다니다시피 했는데 마치 구세주를 만나 이야기를 나누는 느낌이었다.

"CEO의 처지에서 볼 때 팀장은 조직의 운명을 쥐고 있는 중요한 인물임이 틀림없어."

"그러니 스트레스죠."

"그걸 스트레스로 받아들이면 자네는 결국 팀장으로 끝날 것일세. 아직 젊은데 더 큰 그림을 그려야 하지 않겠나. 용기를 갖게. 자네는 내가 사랑하는 제자 중의 제자야."

"교수님께서 그리 생각하시니 감사합니다."

"그렇다면, 나도 기분 좋은 일이지. 그런데 팀장이 겪는 고초 중의 하나가 무엇인지 아나?"

"여러 가지가 있을 수 있겠지만……."

"그래 바로 조직의 기대를 충족시켜 나가는 일이야. 하지만, 성과를 창출해 나가기 위해서는 팀장 혼자만의 의욕만으로는 불가능하지."

"그게 저한테는 큰 문제였던 것 같아요."

"이제는 혼자 일해야 한다는 욕심을 버리게. 참된 리더는 사람을 부릴 줄 아는 능력을 갖고 있는 사람이야."

"명심하겠습니다. 교수님!"

"그런데 팀장이 기대하는 것만큼 팀원들이 항상 '예스'하는 것은 아니야."

"그게 저를 괴롭히는 문제거든요."

"그들 또한 더 큰 당근을 먹으려 하기 때문이지."

박 팀장은 강 교수와의 면담을 통하여 더 큰 깨달음을 얻을 수 있어 기쁘기 그지없었다. 단지 문제해결이 아니라 비전을 심어 주고 팀장으로서의 사명을 불어넣는 교수님이 고맙기 때문이다.

둘, 능력의 한계를 느낀다

"사람을 이끈다는 것이 쉬운 일이 아니라는 것을 느껴요."

"그렇다면, 다행이야."

"네, 다행이라뇨?"

"스스로 문제를 깨닫는 덕이야말로 참 지혜거든. 내가 볼 때 자네는 유능한 팀장을 넘어 더 훌륭한 리더로 성장할 것이 분명하네!"

"왜 그렇게 보시죠?"

"그야 내 제자니까."

"하하. 오랜만에 교수님의 구수한 유머를 들으니 속이 시원해지는 것 같아요."

"그런데 말이야 팀원으로 일할 때는 1등이었지만 팀장이 되면서 이리 차이고 저리 차여 갈등을 겪는 사람들이 많아."

"맞아요. 어디 그런 사람들이 한둘이겠어요. 저희는 만날 때마다 팀장이 무슨 동네북이냐면서 하소연한답니다."

"그래, 리더십을 발휘하고 성과를 창출해 나가는 일은 그리 간단하지 만은 않아."

"배부르고 편하게 살던 팀원 시절이 그립습니다."

"정말 배부른 소리를 하는구먼. 자네는 아직 갈 길이 먼 사람이야."

"죄송합니다. 교수님!"

그는 강 교수의 따끔한 충고에 마음을 가다듬었다.

"자칫 자리만 지키는 밥벌레로 전락할 수 있다는 것을 늘 명심하게."

"네. 더 분발하여 좋은 모습 보여 드리겠습니다."

"조직은 냉혹한 법이야. 꼭 능력 있는 사람만 살아남을 수 있는 법을 가르치는 학교 같거든. 그냥 밥 먹여 주는 곳이 도대체 어디 있겠는가? 그리고 평사원보다 스트레스성 질환을 많이 앓고 있는 집단이 바로 리더그룹이라는 말 들어 봤지? 그만큼 리더는 스트레스의 연속선상에 노출되어 있다는 말이야. 어떤 팀장은 의욕만 내세우다 실패하는 경우가 있어. 어떤 팀장은 선임자의 실적에도 미치지 못하고 후배에게 자리를 빼앗기는 불운한 경우도 있지."

"제 동료 중에도 그런 친구가 있어요. 참으로 힘든 싸움이라는 생각이 들어요."

"쉬운 일이 어디 있나. 그 모든 어려움을 극복하고 일어서기 위해서는 한 가지 방법이 있지."

"방법이 있다고요?"

박 팀장은 눈을 크게 뜨면 바짝 다가섰다.
"교수님 그게 뭐죠?"
"간단한 거야."

그는 더욱 호기심이 생겼다.
"빨리 말씀해 주세요."
"팀장은 우선 자기 자신이 되어야 해."
"자기 자신이 되라고요?"
"승진만이 대세는 아니야. 능력을 갖추는 일만이 유능한 리더로 만들어 주기 때문이지."

셋, 부하들의 존중심이 없다

"팀장이 되고 나서 느낀 것 중 하나가 혹시 부하들로부터 왕따 당하는 것은 아닌가 하는 거였어요."

"그래? 자신감이 없다는 말인가, 분위기가 그렇다는 건가?"

박 팀장은 열심히 일하면서 늘 불안했다. 혹 부하들로부터 인간적으로 존경을 받지 못하는 것은 아닐까 하는 염려 때문이다.

"자네의 고충을 이해하네. 단지 일 때문에, 먹고살기 위해서 모여 있는 집단이라면 얼마나 불행하겠는가? 적어도 신의와 인간적인 존경심이 흐르는 조직에서 일하기를 누구나 원한다는 것을 명심하게."

"요즘 그걸 뼈저리게 느끼고 있어요."

"업무적으로는 '예'를 하지만 퇴근 후에는 소주 한잔 같이하기를 꺼리는 부하들이 있다면 그 팀장은 성과창출보다 인간적인 관리를 제대로 못한 대가를 치르고 있는 것이라고 보면 돼."

박 팀장은 자기 이야기를 하는 줄 알고 뜨끔했다. 사실 평소에 그런 기분을 한두 번 갖고 고심한 적이 있기 때문이다.

"팀장과 부하의 관계 이전에 인생의 선후배라는 것이 중요하거든. 동기가 같고, 한 조직에 몸담고 있는 구성원이라는 애착이 필요해. 자칫 잘못하면 팀장은 열심히 뛰면서 한편으로는 위아래로 눈치나 보는 고독한 존재로 전락할 수 있어."

"맞습니다."

"하지만, 팀장은 부하직원들의 존경심으로 산다는 걸 기억하게. 또한, 그의 미래를 보다 더 성공적으로 만들어 주는 것도 부하들이 어떻게 일하느냐에 달렸어!"

"무슨 말씀인지 잘 알겠습니다. 교수님."

넷, 구조조정의 대상이 되지 않을까 걱정한다

"친구들이 하나 둘씩 직장을 떠나는 것을 보게 돼요. 이제는 남의 일이 아니라는 생각을 하게 돼요."

"이해하네. 그게 어찌 자네만의 일인가. 우리 사회가 안고 있는 가장 큰 문제지."

"지난해 저희 회사도 구조조정 바람이 불었는데 바로 저희 앞 기수 중에 서너 명이 옷을 벗었다고요."

"적대적 M&A가 판치고 언제 어떻게 될지 모르는 상황에서 직장인은 늘 불안하게 마련이지."

"게다가 평생고용이라는 말은 이제 사전에나 남아 있는 현실이고 보면 더욱 그렇습니다. 오히려 승진하는 것이 영광이 아니라 일찍 퇴출당할 수밖에 없는 단계에 이른 것인지도 모른다고 생각하는 친구들이 많아요."

"그럴 수도 있지."

"눈뜨고 나니 자신의 팀이 구조조정 대상이 되어 거리에 나앉는 경우를 종종 본다니까요!"

"그게 요즘 경제면 기사의 이슈 아닌가?"

"교수님은 실감나지 않을 겁니다."

"왜 모르겠나. 팀장은 밑으로는 부하들에게 비전과 희망을 주어야 하지만 언제 자신이 정리될지 모르는 불안한 상황에 처해 있는 외로운 존재 아닌가. 평균 수명의 연장과 노후준비문제는 뒤로하더라도 한창나이에 집안에 틀어박혀야 하는 경우는 이제 현실이 되고 있어."

"그게 바로 현실이라고요?"

"하지만, 그게 다는 아니야."

"그중에서 이사가 나오고 상무가 나오고 사장이 나오질 않는가?"

"하긴 그렇죠."

"그럼 어찌해야 하는지도 알겠구먼."

다섯, 보상보다는 희생을 요구한다

"팀장을 조직의 허리라고 말씀하셨잖아요?"

"그래 허리라고 말했지. 왜 자네 벌써 하체가 빈약한가? 하하."

"허리 역할을 제대로 해야 하는데……."

"지금까지 그걸 얘기한 거 아닌가? 또 뭐가 문젠가?"

"부하들의 비전과 직장생활의 성패는 어쩌면 팀장의 어깨에 달렸다고 볼 수 있잖아요. 직장인으로 성공하기 위한 조건 중 하나가 상사와의 인간적인 관계라고 말하는데 부인할 사람은 없을 듯싶어요."

"그래 이제 철이 드는구먼."

"그런데 그만큼 팀장은 훌륭한 리더로 살아가야 한다는 심적 부담감이 있다는 겁니다."

"이해하네!"

"상사가 부하의 비전을 가로막는 벽이 되어 능력 있는 직원들이 떠나는 경우를 종종 봅니다."

"앞에서 앵무새처럼 회사의 정책이나 지시하고 무조건 따를 것을 강요한다면 그는 권위를 사용하는 것이 아니라 권력을 남용하는 것이라고 말한 바 있지."

"기억합니다, 교수님!"

"부하들의 헌신적인 희생만이 성과를 창출하는 것은 아니라는 거야."

"그럼, 무엇이 더 필요하죠?"

"심적 보상, 정서적 보상은 물질적인 보상만큼이나 중요하지. 어쩌면 그보다 더 크다고 말할 수 있어. 보상은 없고 희생만을 요구해야 할 때 팀장은 딜레마에 빠지기 시작한다는 걸 꼭 명심하게."

여섯, 상사입장을 지나치게 대변한다고 비난한다

"한 팀의 책임자가 된다는 것은 쉬운 일이 아닌 것 같아요."

"그런가?"

"책임감이 더 큰 비전을 낳고 조직에 기여해야 하는데 그렇지 못한 경우가 가끔 있거든요."

"그럴 수 있지. 그게 조직의 생리 아니던가."

"팀장은 팀원의 대표지, 상사의 대표는 아니라고 보거든요."

"그래. 자네는 정말 멋진 소신이 있어."

"물론 지시와 감독, 평가를 상사로부터 받지만 어디까지나 팀장은 팀의 대표로 의사를 전달하고 조정자로서의 역할을 수행해야 한다는 게 제 철학입니다."

"당연하지. 이제야 제정신이 돌아왔네그려. 하하."

박 팀장은 예전과 같이 변함없이 대해주는 교수님이 고마웠다. 무엇보다도 리더십 전문가인 강 교수님을 스승으로 모신다는 것이 큰 행복이었다.

"그러나 조직의 생리상 팀원의 복지나 욕구해결보다는 상사의 지시를 전달하고 밀어붙여야 하는 상황에 처하게 되는 것은 피할 수 없는 현실이야…. 때로는 자신의 소신을 접고 일방적으로 상사의 정책을 대변해야 하는 무소신 팀장으로 전락하게 되는 경우가 허다하질 않는가?"

"물론입니다. 그것이 팀장을 괴롭히는 문제들이죠."

"이럴 때일수록 팀원들은 자기 팀장을 상사의 입장만 따르는 사람이라고 비난하게 될 거야."

"그게 바로 제가 극복해야 할 과제 같아요. 교수님!"

일곱, 리더십의 한계를 느낀다

"그렇다면, 자네만의 길을 가게나!"

"네? 그런 길이 있나요?"

"있지."

"그게 도대체 뭐예요? 교수님!"

"그건 바로 리더십이야."

박 팀장은 '리더십'이란 이야기를 들으며 이미 알고는 있었지만, 그것이 얼마나 중요한가를 다시 한 번 실감했다. 박 상무도 늘 팀장들에게 리더십을 강조한 터였다. 그는 리더십을 갖추는 일이 살아남는 길이라는 결론을 얻을 수 있었다.

"자칫 팀장은 주어진 일이나 수행하는 소신과 개척정신이 없는 관리자로 남을 수 있어."

"그 말씀은 저희 상무님이 늘 강조하시는 경구인데요."

"아, 그런가. 그분하고 나하고 통하는 게 있어 좋구먼."

"아마 연배도 비슷하실 거예요."

"그렇다면, 더욱더 그렇군."

"결국, 리더십이 핵심이라는 말씀 아닙니까?"

"옳은 말이네. 그런데 말이야. 좋은 아이디어나 정책이 벽에 부딪혀 실행해 보지도 못하고 스스로 자리를 지키는 것에 한계를 느끼는 팀장들도 많아!"

"참 안 됐다는 생각이 들어요."

"누가 아니래. 하지만, 팀장은 리더야. 그렇기 때문에 또한 자신의 리더십을 발휘할 수 있는 절호의 기회를 갖고 있어. 그래서 더 큰 그림을 그릴 수 있는 좋은 발판 위에 서있는 것이야."

"하기야 그렇죠."

"하지만, 조직이 원하고 팀이 원하는 길을 개척해 나갈 수 있는 자기만의 차별성 있는 리더십이 필요해."

"차별성이라고요."

"그래 차별성 말이야. 그리고 팀장이 갖추어야 할 리더십은 어떠한 기술이나 재주를 말하는 게 아니라는 점도 명심하고."

"그러면……?"

"무엇보다도 신뢰하는 기업풍토, 신뢰하는 관계를 만들어 나가는 것이 중요해. 부하들은 리더를 보고 따라 오는 것이지 그 재주를 보고 따라 오는 것이 아니거든."

"그렇군요."

"팀장이라는 자리가 무엇인가?"

"저는, '고통이면서 기회의 자리'라고 봅니다."

"바로 그거야. 팀장은 부하들에게는 도전의 자리이며 동시에 CEO로 성공할 수 있는 위치에 서 있는 것이니까. 성패를 좌우하는 것은 학력이나 능력의 문제가 아니라 리더십이라는 거야."

"그렇군요. 리더십…!"

박 팀장을 위한 자기학습 *Tip*

◈ 늘 앞서가기 위해 노력해라.

◈ 평생학습 체계를 구축해라.

◈ 팀원들과 함께 공부해라.

◈ 한 분야의 전문가가 되라.

◈ 자기학습이 가장 확실한 투자라고 여겨라.

◈ 직장을 제2의 학교로 만들어 나가라.

리더십 차원에서 겪는 15가지 딜레마

Refined Humor Stretching

● 박 팀장과 강 교수의 딜레마 이야기, 셋

하나, 리드하지 못하고 관리한다

"그렇다면, 이제부터 본격적인 리더십 이야기를 나누어 볼까?"

"좋습니다. 대학교 다닐 때도 교수님의 리더십 강의는 지금도 생생합니다. 모든 일의 성패는 지식이 아니라 리더십이라고 늘 말씀하셨죠?"

"그건 자네 후배들에게도 똑같이 말하고 있어. 모든 일의 성패는 리더십에 달렸지. 그럼, 자네는 팀장이 리더라고 보는가, 관리자라고 보는가?"

갑작스런 질문에 박 팀장은 선뜻 답을 못했다. 머뭇거리자 강 교수는 힘차게 말했다.

"답은 분명하네. 리더가 되어야 해."

"물론 그렇겠죠."

"그러나 현실은 그렇지 못하다는 거야."

"무엇이 장애인가요? 교수님!"

"대부분의 팀장은 관리자로 전락하여 시키는 일만 하거나 상사의 지시나 부하들에게 전달하고 주어진 일 안에서만 맴돈다는 거야."

"일리가 있는 말씀이세요. 교수님!"

"그게 현실 아닌가?"

박 팀장은 자신의 이야기를 하는 듯 짐짓 몸짓했다.

"늘 관리만 하지 말고 리드해야 해. 팀장에게는 혁신적인 사고가 요구되고 주어진 틀에서 벗어나 과감하게 일을 저지를 수 있는 배짱도 또한 있어야 해. 그게 조직을 살리고 후배들에게 길을 열어 주는 것이거든."

"명심하겠습니다. 교수님!"

"그저 자리나 지키기 위해 윗사람 비위나 그럴듯하게 맞추려 든다면 지금 당장 떠나는 것이 후배들에게 길을 터주는 것이 아니겠나?"

"교수님의 가르침은 앞으로 살아가는데 많은 귀감이 될 것 같습니다."

"그렇다면, 자네가 리더인지 관리자인지를 보여 주는 잣대는 무엇인가?"

박 팀장이 잠시 머뭇거리자 강 교수는 그에게 메모를 전달했다. 거기에는 리더는 늘 다음과 같이 행동한다는 문구가 적혀 있었다. 박 팀장은 그 메모를 꼼꼼히 읽어 보고 책갈피에 집어넣었다.

◈ 주어진 일에 얽매이지 않고 혁신적인 사고를 하고 있다.

◈ 일에 관심을 두지 않고 사람에게 관심을 둔다.

◈ 나, 너라고 말하지 않고 늘 우리라고 말한다.

◈ 현상을 유지하는데 만족하지 않고, 늘 변화를 추구한다.

◈ 부하들을 관리하거나 감독하지 않고, 지원하고 격려한다.

◈ 지시하지 않고 위임한다.

◈ 위험을 감수하는 일에 늘 도전한다.

◈ 사람을 비용으로 여기지 않고 자산으로 여긴다.

◈ 유지하지 않고 개발한다.

◈ 부하들이 따르도록 요구하지 않고 고무시킨다.

"팀장은 늘 부하들에게 리더로서의 이미지를 갖고 존경받을 수 있는 행동을 해야 해. 단지 주어진 일이나 한다면, 그 자리는 누구나 준비 없이 그저 시간이 지남과 동시에 주어지는 관리직에 불과하지. 조직의 분위기나 시스템이 관리적인 일에 얽매이도록 요구해도 과감하게 그 틀을 깰 수 있는 리더십이 팀장에게는 요구된다는 말이야."

둘, 힘(Authority)을 쓰지 못하고 힘(Force)을 쓴다

"그런데 부하들을 리드하다 보면 때로는 채찍이 필요할 때가 있더라구요?"

"그런가? 그럼 좀 더 논의해 볼까."

"앞의 힘은 권한이지만 뒤의 힘은 강압적인 힘을 말하지."

"그럼 어느 것을 써야 하죠? 교수님!"

"팀장에게 조직이 부여하는 힘은 전자의 것이야. 그것을 효율적으로 사용하면 리더십을 발휘하고 생산성을 향상시켜나갈 수 있지."

"그런데 왜 문제가 되죠?"

"팀장은 권한을 부여 받았지만 시간이 지나면서 자신도 모르게 후자의 권력에 의존하는 경향을 보이게 된다는 거야."

"그런데 그것은 당연한 거 아닌가요?"

"그렇지 않아. 권한만으로는 부족해서가 아니라, 권력이 일시적으로는 쉽게 통하고 직접적인 통제력을 발휘하는 것처럼 보이기 때문이지. 권력 앞에서는 일시적으로 고개를 숙일지 모르지만 장기적으로는 부하를 잃게 되는 치명적인 결과를 가져온다는 것을 명심해야 해. 사람들은 원칙중심의 리더십 앞에 복종하기를 원해. 강압적인 힘 앞에서는 일시적으로 '예스'해도 장기적으로 볼 때 성과나 팀워크 차원에서는 절대적으로 마이너스야. 팀장이 권한에 의존할 때 부하들은 사발석인 리더십을 갖게 되고 팀 분위기도 생기를 갖게 된다는 거야."

"이해가 가요. 교수님!"

"어떠한 상황에서도 강압적인 힘에 의존해서는 안 돼. 아무리 그 향이 달고 매혹적이라 하더라도 정당하게 부여된 힘에 의존하는 것이 팀장리더십의 핵심이라는 것을 기억하게."

"권한의 위력을 이제야 좀 알 것 같습니다."

셋, 자신은 리드하지 못하고 팀만 리드한다

"사람을 리드하는 것이 일보다 더 어렵다는 것을 최근에 느끼고 있어요."

"그렇다면, 자네야말로 제대로 된 고민을 하는 거야."

"그런가요?"

"그렇고말고. 남을 리드한다는 것은 참으로 어려운 일이지."

"교수님도 제 생각과 같네요. 근데 왜 어렵죠?"

"알지 못하면 리드하지 못한다는 말 있지? 자신이 변하지 못하면 아무도 변화시킬 수 없다는 것과 같은 뜻이야. 리더는 늘 자기학습에 앞장서야 한다는 말이지. 자네가 거느리는 신세대는 과거보다 더 영리하고 똑똑하잖아. 그들을 이끌어 가기 위해서는 과거 선배들처럼 경험이나 나이만으로는 분명 한계가 있다는 걸 명심해야 해. 혁신적인 사고와 철저한 자기관리가 요구된다는 거야."

"리더가 된다는 것은 자기와의 싸움이라는 말씀이시죠. 교수님!"

"바로 그거야. 21세기의 문맹자는 읽고 쓸 줄 모르는 사람이 아니라 자기학습이 결여되어 있는 사람이야."

박 팀장은 두 손을 불끈 쥐며 스스로 몸가짐을 잘하는 것이 리더의 덕목이라고 느꼈다.
"그렇다면, 유능한 팀장의 리더관에 대해서 좀 말씀해 주세요."
"간단하지. 유능한 팀장은 부하를 잘 리드하는 것으로 만족할 수 있어."
"그래요?"

박 팀장은 눈을 크게 뜨며 의외라는 듯 되물었다.
"그러나 그는 팀장일 뿐 CEO가 되기 위해서는 부족하지. 더 유능해지고 존경받고 더 조직의 상층부로 오르기를 원한다면, 자신에 대해서 공부하고 자신을 리드할 줄 아는 팀장으로 거듭나야 해."

넷, 행동하지 않고 직책에만 의존한다
"그렇다면, 리더는 무엇을 통해 자신을 드러낼 수 있어요. 교수님?"
"좋은 질문이야."
"그것이 늘 관심사였어요."
"그랬군. 무엇보다도 리더는 행동하는 사람이어야 해."

"행동해라!"

"그래, 바로 행동이라네. 그는 사색가가 아니야."

　박 팀장은 단호하게 말하는 강 교수의 말에 동의할 수밖에 없었다. 그 자신이 늘 행동이 부족하다고 느껴왔기 때문이다.

"조직이나 부하들은 그가 더 크게 행동하길 원한다는 거야. 팀장도 자신이 단지 의자에 몸을 기대는 사람이 아니라 행동하는 리더가 되어야 한다는 것을 알고 있어. 그러나 대부분의 팀장은 시간이 지나면서 타성에 젖고 직책이 주는 권위에 의존하려 드는 경향이 있어."

"그 이유가 뭐죠. 처음에는 대단한 의욕을 갖고 출발하는데……."

"선배들이 그렇게 해 왔고 그러면서도 별 탈 없이 무사히 그 자리를 지키고 있음을 보기 때문이야. 그러면서도 머리나 굴리는 팀장은 늘 불안해 하고 있어."

"그것은 또 왜죠?"

"당연히 요행을 피우게 되니까 후배들이 치고 올라오는 것을 경계하기에 늘 고심하기 때문이지."

"그만큼 자신감이 없고 기회주의적인 사고를 갖는다는 거군요."

"바로 보았어. 그는 권력이 자리에서 나온다고 믿는 사람이야. 그리고 그런 힘을 부하들에게 밀어 대고 따를 것을 지시하지."

"그럼 부하들은 어떨까요?"

"그야 당연하지. 그 상사에 그 부하 아니겠어?"

"그런 팀장 밑에서 일하는 직원들은 기회주의적인 사고를 갖게 된다는 말씀이시죠."

"그뿐 아니라 여건이 주어지면 항상 그 곁을 떠나기를 원한다는 거야. 단지 그들은 먹고살기 위해, 아이들 우윳값을 벌기 위해 출근할 뿐이야."

"참으로 불행한 일이네요."

"그게 팀장의 역할이라는 거지…."

"잘 알았습니다. 교수님."

"하지만, 팀장의 작은 행동이 팀원들에게 큰 반향을 불러 일으키고 멋진 팀워크를 형성해 나간다는 것 또한 기억하라고."

"네. 사색가가 아니라 행동가가 되라는 말씀이시죠. 교수님!"

다섯, 미래를 함께 보지 못하고 서로 마주만 본다

"교수님, 요즘은 비전에 대한 의구심이 생겨요."

"의구심이라니?"

"도대체 단기적인 보이는 성과가 없잖아요."

"그래? 하지만, 비전을 나눈다는 것만으로도 이미 성과는 창출된 것 아닌가?"

"네?"

"비전이란 서로 마주보는 것이 아니야."

"그렇다면……?"

"그것은 미래를 함께 바라보는 것이야."

"멀리 보고 큰 그림을 그리라는 거군요."

"맞았어. 이제 제대로 이해하는군."

"제가 누구입니까?"

"누구긴 내 제자지. 하하."

박 팀장은 비전의 개념을 새롭게 정립하는 계기가 되었다. 기존에 자신이 갖고 있던 개념을 뛰어넘어 새로운 차원을 안내하는 것이었다.

"팀장은 길을 안내하는 사람이어야 해. 그리고 사기를 심어 주는 사람이 되어야 해. 좀 더 정확히 말하면 볼 수 없는 것을 보게 하는 능력이 있는 사람이지. 이것이 팀장의 역할이야. 미래를 함께 바라본다는 것은 비전을 공유한다는 의미가 아닌가. 비전을 함께 공유한다는 것은 신뢰하고 화합한다는 것이지."

"그렇죠."

"팀장이라면 누구나 알고 있는 상식이야. 그러나 대부분의 팀장은 이 간단한 규칙마저 준수하지 못하는 실수를 범하고 있어."

"그러면 그 이유가 도대체 무엇이에요?"

"그야 늘 서로 마주보며 지시하고 보고 받는 철저한 상하관계를 구축하려 들기 때문이 아니겠어. 치밀한 팀장은 상하관계를 통하여 단단한 조직관리에 힘쓰려고만 하지. 하지만, 존경받는 팀장은 수평적인 테이블에서 팀원들과 늘 미래를 구상하며 함께하는 시간에 몰두한다는 것을 다시 한 번 명심하게."

여섯, 주인역할을 못하고 대변자 노릇만 한다

"실패하는 팀장의 유형에는 어떤 타입이 있어요. 교수님?"
"자네는 그것이 무엇이라고 보는가?"
"아마 전문지식의 부족이 아닐까요?"
"그럴 수도 있지."
"그럼, 그보다 더 큰 문제가 있다는 말씀이세요?"
"그럼. 바로 주인의식이 있느냐 없느냐가 커다란 문제지."
"네?"
"주인은 늘 항상 그 자리에 있지만 대변인은 수시로 바뀔 수 있거든. 팀장은 그 팀의 주인이고 조직의 책임자야. 주인의식이 투철한 사람과 그저 월급날이나 기다리는 사람과의 차이는 세상을 바라보는 숨소리에서부터 차이가 나지. 주인은 주관적인 판단과 책임의식을 갖잖아. 언제나 내 것이라는 자부심과 의지가 강하지. 그런데 대부분의 팀장은 시간이 지나면서 주체성 있는 사고를 잃어버리고 주인의 대변자 역할을 하는 사람으로 전락하고 마는 경우가 허다해."
"왜 그런 일이 나타나죠?"

"자신의 구상이 회사에서 받아들여지지 않는다거나 책임질 일을 벌이고 싶지 않다는 거지. 혹은 조금 있으면 인사이동이 있을 것이다, 사서 고생하지 않는다, 잘한다고 두 봉투 받는 것 아니다 등의 사고가 나타나기 때문이야."

박 팀장은 그것이 자신의 일일 수 있다는데 놀라면서 강 교수의 말에 전적으로 동감했다.

"이 같은 사고로 물들기 시작하면서 상사와 조직의 지시나 중간에서 전달하는 힘없는 팀장으로 전락하고 말지. 그래서 팀장은 늘 명심해야 해!"

"무엇을 말입니까?"

"부하들은 언제나 주인과 함께하길 원하지. 그저 자리에 앉아 상사의 입 노릇이나 하는 사람과는 같이하기를 거부한다는 것을…."

일곱, 위임하지 못하고 권한을 남용한다

"승진하면서 얻는 것이 월급인상보다 많은 권한을 부여 받으니 좋더군요."

"그래?"

"그것 때문에 조직생활에서 윗자리에 앉으려 발버둥을 치는 것 아닌가요?"

"하지만, 현명한 팀장은 권한사용을 자제하곤 해."

"네? 그 좋은 것을 왜 자제하죠?"

"그는 조직의 생리를 잘 알기 때문이야."

"권한을 사용함으로써 조직을 발전시켜나가는 것 아닌가요?"

"물론 그렇긴 하지. 하지만, 좋은 성과를 만들어 내기 위해서는 권한을 나누어 주는 거야."

"누구에게 말이죠?"

"당연히 팀원들에게 주는 거지. 부하들에게 참여의식을 높이고 책임감 있게 일하도록 하는 방법은 그들에게 많은 권한을 나누어 주는 거야. 권한을 부여 받은 직원은 그렇지 못한 직원에 비해 충성도가 높고 자발적으로 일하는 습관이 있거든."

"이제 알고 보니 정말 그렇네요."

"팀장은 선장이지 노를 젓는 사공이 아니거든."

"그 부분은 저도 전적으로 동감합니다."

"그런데 어떤 팀장은 사공이 해야 할 일을 하면서 리더십을 발휘하지 못한다는 거지. 유능한 팀장은 권한을 혼자 행사하지 않아. 그는 권한을 골고루 나눌수록 놀라운 성과가 나타난다는 것을 알고 있기 때문이야."

"권한을 나눈다는 것은 무엇을 의미하나요?"

"좋은 질문이야. 권한을 나눈다는 것은 신뢰한다는 것을 의미해!"

"신뢰요?"

"그래. 신뢰 말이야. 신뢰하는 조직은 그만큼 시너지 효과가 수십 배로 나타나거든. 그리고 유능한 팀장은 가능한 한 권한사용을 자제한다는 거야. 그는 권한을 사용하지 않고 팀이 활성화되는 것이 더 바람직하다는 것을 잘 알기 때문이지."

"참 재미있는 논리네요."

"그런가? 그런 팀장일수록 조직이 부여한 권한에 의존하지 않고 인간적인 정서에 의존하는 경향이 있어. 권한을 잘 사용하는 것은 어쩌면 팀장의 능력이지. 하지만, 남용하면 그의 위신과 역할은 반감된다는 것을 명심해야 해."

여덟, 과정을 무시하고 성과만 중시한다

"위에서는 늘 성과만을 강조하니 힘들어요."

"당연하지. 성과가 있어야 미래가 보장되는 것 아닌가?"

"하지만, 그것만으로는 직원들의 열정을 이끌어내는 데는 한계가 있는 것 같아요."

"물론, 그렇지만 조직은 성과를 만들어 내야 해. 그것이 기업이든 비영리조직이든 학교든 교회든 말이야. 그래야, 그 조직의 미래가 보장되는 거 아니겠어. 더 많은 성과를 창출하는 것이 비전이고 사명이라는 거야. 팀장으로 승진하면 누구나 더 큰 성과를 창출하기 위해 다짐하지 않나. 그것이 팀장이 존재하는 이유이기도 하지. 그런데 시간이 지나면서 어떤 팀장은 성과만을 요구한다는 거야.

자신과 팀이 존재하는 이유가 온전히 성과만을 만들기 위해 존재하는 것처럼 말이지."

"제가 말씀드리고 싶었던 게 바로 그거예요. 교수님."

"바로 보았어. 그렇다면, 그것은 기계지 사람이 아니거든. 더 큰 결과를 뽑기 위해 과정을 무시한다거나 그 흐름을 소홀히 한다면 그 팀의 존재가치는 점점 퇴색할 거야. 매일 똑같은 방식으로 일하면서 결과가 달라지기를 기대한다면 미치광이와 다를 바 없겠지. 결과가 달라지려면 과정을 바꾸어야 해. 과정을 존중하는 것은 팀장의 리더십이고 직원들에 대한 배려라고 볼 수 있지."

박 팀장은 오랜만에 교수님과 의견이 일치되자 큰 기쁨을 감추지 못했다.

"과정 없이 생산되는 결과물은 없어. 유능한 팀장은 과정이야말로 사람이라는 것을 잘 알고 있지."

"과정은 사람이라고요?"

"그렇지. 사람 말이야."

"하긴 모든 게 사람을 통해 나오죠."

"성과만을 강조한다면 일시적으로 인정받고 더 승진할 기회를 쥐게 될지도 모르지. 하지만, 그것이 영원히 지속하지는 않아. 오직 과정을 변화시키고 존중될 때에만 가능한 일이야."

"특히 사람을 말이죠?"

"당연하지."

아홉, 비전보다 욕망이 크다

"박 팀장, 자네는 개인적인 욕망이 큰가, 팀 차원의 욕망이 큰가?"

"글쎄요. 참 어려운 질문이네요."

"그렇다면, 내가 너무 깊은 곳을 건드렸군."

"사실 누구나 이기적이잖아요. 저도 그렇고요."

"맞는 말이네. 하지만, 팀이 존재하는 한 팀장이 존재한다는 걸 잊지 말게. 팀이 존재하기 위해서는 팀장인 자네가 더 큰 비전이 있어야 해."

"누가 그걸 모르나요. 교수님! 하여튼 현실이 그렇지 못하잖아요."

"무슨 말인지 이해하네. 그럼에도, 팀장은 리더로서 팀에 비전의 피를 넣어 주는 사람이어야 한다는 거야."

"팀이 있고 내가 있다는 말씀이시죠."

"그렇다니까."

"하지만, 그건 이론에 불과해요. 우선 나부터 챙기는 걸 어쩔 수 없는 거 같아요."

"이봐, 박 팀장 그게 바로 자네의 한계야."

"네?"

박 팀장은 강 교수의 따끔한 충고에 얼굴이 붉어졌다. 그것이 자기의 한계라는 말에 부끄럽기도 했다. 지금까지 팀장으로서 팀보다는 자신의 욕망을 충족시키기 위해 달려온 것은 아닐까 하는 자괴감이 들었다.

"하지만, 그렇게 실망할 건 없어. 자네 곁엔 늘 내가 있잖아."

"그럼요. 저는 교수님을 모실 수 있다는 것이 큰 행운입니다."

"정말인가? 하하."

"그럼요. 이 못난 제자의 진실을 받아주세요. 교수님!"

"알았네!"

"계속 말씀해 주세요. 교수님."

"그래서 유능한 팀장은 늘 팀원들과 미래를 함께 만들어 가야 해. 비전이 없는 팀은 지금 당장 정리되어야 한다고 보네."

"그래야, 조직이 살고 내가 사는 거겠죠?"

"당연하지. 그런데 어떤 팀장은 초기에 그가 가졌던 비전이 점차 개인적인 욕망으로 변질하여 리더로서 열정을 잃게 되고는 하지."

"공감이 가요. 사실 저희 회사에서도 그런 경우를 많이 보거든요."

"팀원이 존재하는 것은 자신의 입신을 위하여 존재하고 그들이 만들어 내는 성과는 자신의 업적이 되어 되돌아오기를 기대하는 사람들이 많아. 그런 팀장의 존재는 결국 다 같이 죽는 결과를 빚고는 하지. 비전은 사라지고 개인적인 욕망이 살아 있는 팀은 절대 존속

될 수 없거든. 비전을 갖고 망하는 팀은 새로운 프로젝트를 부여 받고 거듭날 수 있지만 개인적인 욕심으로 가득 찬 팀장이 존재하는 팀은 그것으로 수명을 다하게 된다는 말이야."

"그러니까 팀이 존재하고 내가 있다는 거죠."

"바로 그거야. 그런데 그것은 팀장만의 일이 아니라 조직에 몸담고 있는 사람 모두의 일이야."

"명심하겠습니다. 교수님!"

"그래서 유능한 팀장은 늘 개인인 자신이 존재하는 것이 아니라 팀원들 속에 자신이 있음을 발견해야 해. 비전은 미래를 당겨오는 힘이지만 개인적인 욕망은 미래를 혼자만 보고자 왜곡시키는 일이거든."

"그러므로 개인적인 욕망을 충족시키기 위해 존재하는 팀장이 존재하는 한 그의 팀은 이미 해체된 것이나 다름없다는 말씀이시죠."

"이제야 말이 통하는군. 하하."

열, 우리가 되지 못하고 내가 된다

"박 팀장, '나'하고 '우리'하고의 차이는 무엇이라 보는가?"

"나는 혼자고 우리는 여럿 아닌가요?"

"그렇지 않아."

"그렇지 않다고요? 그러면 무엇이죠?"

"나는 약한 존재고 우리는 강한 존재라는 뜻이야. 나는 언제나 내 힘에 부딪히면 쓰러지지만 우리는 더 큰 시너지를 만들어 내거든. 리더는 '나'라고 말하지 않는 사람을 의미해. 늘 '우리'라고 말하지. 내가 가는 것이 아니라 우리가 가는 것이어야 한다는 말이야."

"우리 안에서 살아야 한다는 거네요."

"그렇지. 우리라는 공동체를 통해서 팀이 존재하기 때문이야. 우리를 벗어나서는 나도 너도 없다는 것을 유능한 팀장은 이미 잘 알고 있어."

"이해합니다."

"그래서 팀장은 늘 대나무가 되어야 해."

"네? 대나무가 되라고요?"

"그럼 대나무 말이지. 대나무는 아무리 비바람이 몰아쳐도 쓰러지지 않아. 다만, 흔들릴 뿐이지."

"유연함을 가져야 한다는 말씀이시죠?"

"바로 그거야. 그리고 대나무 뿌리를 뽑을 수 있는 사람은 없다네."

"그래요? 그만큼 강한가요?"

"그게 아니라 다른 나무와는 달리 대나무 뿌리는 서로 엉켜 있기 때문이야."

"그럼 죽지 않나요?"

"하하. 그게 바로 대나무가 생존하는 비결이라네. 그래서 옆에

나무와 연결되어 있는 뿌리를 잘라 내지 못하면 절대로 그 대나무를 뽑을 수 없어."

"서로 의지하며 붙어 있다는 말씀이시죠?"

"그렇지. 이것을 조직의 팀워크라고 말하지."

"하나는 약하지만 붙으면 강하다는 말씀인가요?"

"바로 그거야. 대나무와 뿌리가 하나 될 때 그 팀워크는 지속적으로 번성할 거야. 그런데 시간이 지나면서 어떤 팀장은 우리라는 개념을 잃어버리고 늘 나 혼자 존재하는 것처럼 착각에 빠져 있다는 거야."

"그런 경우를 많이 봐요."

"많은 정도가 아니지. 그들은 대부분 그 자리에서 끝날 사람들이야."

"끝나다니요?"

"누가 그를 더 승진시켜 주겠나?"

"조직에서 혼자는 의미가 없다는 말씀이시죠?"

"당연지사(當然之事)지. 오히려 방해가 될 수 있어. 게다가 팀장이 그런 사람이라면 말이야."

"그럼, 팀장이 오래 사는 길에 대한 답은 확실해졌네요?"

"그래. 팀장이 사는 길은 우리라는 울타리에서만 생존할 수 있다는 것을 꼭 기억해야 해."

열하나, 전통을 파괴하지 못하고 숭배자가 된다

"팀장으로서 제 소신을 내세우는 일이 때로는 부담스러울 때가 있어요."

"그래도 옳다면 밀고 나가야 해."

"그것이 쉽질 않다는 거죠."

"도대체 무엇이 걸림돌인데?"

"우선 바로 위 선배들이 걸려요. 오히려 그들에게 도전하는 것처럼 보일 수도 있고요."

"그렇지 않아."

"그건 단지 교수님의 견해죠. 조직이라는 게 그리 제 뜻대로만은 안 되더라고요."

박 팀장은 오랜만에 목소리를 높이며 자신의 의견을 주장했다. 어쩌면 자신이 처한 실상을 제대로 알리고 싶었는지도 모른다.

"리더는 자기 색깔이 분명해야 해."

"교수님, 그런데 그게 그리 쉽질 않다니까요."

"그렇다면, 차별성이 없어. 그냥 자리나 물려주고 물려받는 식이 되니까."

"처음에는 팀장으로 승진하면서 저만의 구상을 실현하기 위해 안간힘을 쓰고 주변에서도 그렇게 도와주는 것처럼 보였어요."

"그러나 시간이 지나면서 전통을 답습하고 선배들이 걸어온 그

방식이 편안하다는 것을 느끼게 되었다는 건가?"

"바로 그겁니다. 교수님!"

"그렇다면, 자네도 별수 없구먼."

"네? 별수 없다뇨?"

"그저 자리나 채우고 앉아있는 사람이라는 말이지. 리더십은커녕 그저 바통(baton)이나 이어받는 팀장은 얼마든지 있어. 부하들은 그저 그런 선장 밑에서 일하기를 원하지 않는다는 거야."

"그러면……?"

"리더가 편안함에 안주하면 부하들은 잠재력을 발휘하지 않는다는 거야. 따라서 존경받는 팀장으로 생존하기 위해서는 전통을 파괴하고 새로운 길을 개척하는 파괴자가 되어야 해."

"파괴자요?"

"그래 파괴자. 그게 리더거든."

박 팀장은 파괴자가 되라는 강 교수의 말에 흥분되었다. 그게 리더의 길이라는 말에는 공감하면서….

"리더란 혁신적인 변화의 모델을 제시할 줄 알아야 한다는 말이야. 변화의 시대, 속도의 시대에서 리더십은 변화관리 리더십이야. 하지만, 팀장부터 변화의 에이전트(agent)가 되어야 해. 편안함과 익숙함, 경직된 사고의 틀을 깨고 안전지대를 벗어나려는 변화의 의지가 존경받는 팀장으로 만들어 준다는 것을 명심하게."

열둘, 리더십을 개발하지 못하고 기술에만 의존한다

"갈수록 리더역할이 힘들어져요. 안팎으로 요구되는 것이 너무나 많아지고요."

"그 길을 잘 헤쳐 나가는 사람이 진정한 리더라고 할 수 있지."

"그게 쉬운 일이 아니니 문제죠."

"그러니까 리더십이 필요한 거야. 그런데 대부분의 사람은 자신이 갖고 있는 기술과 리더십을 구분하지 못하는 경우가 많아."

"리더십과 기술요?"

"그렇지. 자네는 그것의 차이를 쉽게 설명할 수 있나?"

갑작스런 강 교수의 질문에 박 팀장은 혼란에 빠졌다. 많이 접하는 일이지만 막상 질문을 받으니 정확하게 설명할 수 없었다.

"쉽지 않은 질문이네요. 자세히 말씀해 주세요. 교수님."

"단기간에 성과를 내는 것은 기술이지. 그러나 장기적인 비전을 제시하고 동기를 부여하여 팀에 활력이 넘치게 하는 것은 리더십이야."

"그러니까 팀장은 기술을 발휘하지 말고 리더십을……."

"바로 그렇다네. 팀장은 그의 직책에 맞는 리더십을 개발해 나가야 해. 조직과 팀원, 자신이 살 수 있는 터전을 만들어 나가는 것은 단지 기술에 의존해서 해결될 일이거든."

"그런데 위에서는 눈에 보이는 결과를 요구하는 경우가 많아요.

그러다 보면 당연히 기술에 의존하게 되는 경우가 많죠."

"잘 보았어. 대부분의 리더는 성과에 쫓기고 승진을 기대하다 보면, 리더십을 발휘하는데 의존하기보다는 단기간에 결과를 보려는 기술에 의존하려는 경향이 있어. 하지만, 그게 능사는 아냐. 오래가야 하지 않겠나?"

"오래가야 한다고요?"

"그래. 지속성과 영속성 말이야. 기술이란 하나의 방법일 수도 있지만 잔꾀일 수도 있고, 상황에 따라서는 편법이 될 수도 있다는 사실을 명심해야 해. 리더가 호소해야 하는 것은 자기만의 철학과 리더십을 발휘함으로써 가능하다는 거야. 부하들은 리더의 기술을 보고 충성하지는 않아. 부하들을 움직이고 능동적으로 일할 수 있도록 만드는 것은 리더십이야."

"그러니까 팀의 생존과 팀장의 미래는 그가 발휘하는 리더십에 좌우된다는 말씀이시죠?"

"바로 그거야. 성급한 결과를 내놓으려고 단지 기술에만 의존한다면 팀장으로서 서서히 영향력을 잃어 간다는 사실을 잊어서는 안 돼."

열셋, 변화하지 않고 적응만 한다

"제가 지속적으로 인정받고 살아남는 길은 무엇일까요?"

"그야 자네가 더 잘 알지 않나?"

"항상 변수가 많고 조직은 점점 더 복잡해지니……."

"그래. 그렇다면, 변화하게."

"변화하라고요."

"그보다 더 좋은 답은 없어."

박 팀장은 변화가 최고의 답이라는 강 교수의 말을 꼭꼭 씹어 보았다. 강 교수가 변화를 그토록 강조하는 이유는 무엇일까. 변화가 답이라니! 강 교수는 계속 말을 이어 갔다.

"변화는 선택의 문제가 아니거든. 그것은 피할 수 없는 물결이라네. 누구든지 이 물결을 거스르면 죽는다는 거야."

"죽는다! 그런데 변화가 그리 중요한데 왜 그들은 그것을 하지 못할까요?"

"그건 변화의 심각성을 제대로 알지 못하기 때문이야. 변화는 순응하려 하는 자를 원하지 않아. 그것은 현상 유지에 불과하기 때문이야. 조직의 생리는 끊임없는 변화의 연속이며 변화의 게임이라는 거야."

"변화하지 않는 것은 없다는 말씀인가요?"

"바로 그거야. 단 한가지 변화하지 않는 것은, 모든 것은 변한다는 사실이지. 우리가 그대로 남아 있는 한 우리는 우리가 원하는 사람이 될 수 없어."

"왜 변화가 중요한지 알겠어요."

"그렇다면, 누구부터 변해야 하겠나?"

"당연히 리더겠죠."

"바로 그거야. 조직의 리더인 팀장은 변해야 해. 그리고 팀의 변화를 유도해야 해. 나아가 팀원이 조직이 원하는 방향으로 변해 갈 수 있도록 리드해 조직을 변화시켜야 해. 그리고 이런 모든 일과 국가를 개혁하고, 더 나아가 세계를 변화시키는 일은 모두 다 '자신을 바꾸는 간단한 일'에서부터 출발한다는 사실도 염두에 두도록 해."

"참 의미 있는 말씀이세요. 교수님!"

"처음에 팀장으로 승진하면 뭔가 새롭게 변화시키고 싶은 욕구를 갖게 되지. 열정도 대단하고, 하루아침에 달라진 모습을 주변에 보여 주고 싶을 게야."

"제가 바로 그랬어요."

"그러나 시간이 지나면서 팀장은 딜레마에 빠지게 되어 있어."

"지금 제가 바로 그렇다니까요."

"변화보다는 현실에 적응하는 것이 수월하고 또한 그것이 별로 나쁘지만은 않다는 것을 알게 되기 때문이야. 바로 이 시점이 리더십이 퇴색하는 시점이라는 걸 명심하게."

열넷, 섬기지 못하고 명령만 한다

"교수님께서 언젠가 리더는 섬기는 사람이라고 말씀하신 적이 있으시죠? 그게 현실적으로는 쉽질 않아요."

"시도를 해보기는 했나?"

"이것은 시스템 없이 혼자 힘으로 힘들더라고요."

"그럼 리더십은 시스템이라고 보는 건가?"

"물론 그건 아니겠죠. 사람의 일이니까요."

"그럼 무엇이 장애물일까?"

"아마 리더십 부족이겠죠."

"섬기면 인재를 만들지만 명령하면 노예로 만든다는 말 들어 봤나?"

"처음이지만 의미 있는 말 같아요."

"지금 자네가 이끄는 조직은 인재가 필요하지 노예가 필요한 것은 아니야. 그래서 리더는 부하를 섬길 줄 알아야 한다는 거야. 섬긴다는 것은 곧 섬김을 받는 것이거든."

"네, 잘 알겠습니다. 교수님!"

박 팀장은 섬김이라는 의미를 제대로 깨달았다. 그리고 그것이 리더에게 왜 중요한지도 알게 되었다.

"예수는 제자의 발을 닦아 주면서 섬겼지 않나?"

"그렇죠."

"하지만, 예수는 인류역사를 통하여 섬김을 받고 있질 않은가. 팀장은 부하를 섬길 줄 아는 섬김의 리더십을 발휘할 줄 알아야 해. 우리는 조건 없는 사랑을 보여줌으로써 타인에 대한 영향력을 증대시킬 수 있어. 섬긴다는 것은 사랑한다는 것이고, 동시에 신뢰하는 것이거든."

"저는 처음에 부하들이 눈물겹도록 고맙게 느껴진 적이 있어요. 그들이 있기에 오늘의 제가 있는 것이고, 그들이 존재해야 제가 더 멀리 높이 오를 수 있다는 것을 알기 때문이었죠. 그래서 저는 부하들을 동생처럼 때로는 자식처럼 아끼고 사랑하겠다고 결심했어요. 그런데 저의 이러한 철학은 어느 시점에서 일방적으로 명령하는 팀장으로 바뀌어 가는 것을 느낄 수 있었어요."

"그건 자네만의 일은 아니야. 그것이 편하고 익숙해져 갔기 때문이야."

"그런 것 같아요."

"하지만, 명령하는 팀장 앞에서 부하들은 존경을 나타내지 못해. 그들은 그저 기계적인 반응을 보일 뿐이지."

열다섯, 어시스트하지 않고 골잡이가 되려 한다

"교수님, 저는 가장 훌륭한 팀을 만들고 싶어요. 그런데 그게 쉽질 않아요."

"그런 의욕만으로도 훌륭해."

"무슨 비결이라도 있나요?"

"그보다 먼저 묻고 싶은 게 있어."

"자네는 무엇이 훌륭한 팀이라고 보나?"

"글쎄요…."

박 팀장은 막상 훌륭한 팀을 정의하자니 망설였다. 그동안 많은 것을 느껴 왔지만 훌륭한 팀의 기준을 제시하기란 그리 쉽지 않았다.
"가장 훌륭한 팀은 모두가 영웅이 되는 것이라고 할 수 있어."
"모두가 영웅이 되는 것이라고요?"
"그래. 모두 영웅 말이야."
"좀 더 구체적으로 말씀해 주세요?"
"모두가 영웅이 되기 위해서는 서로 존중하고 승리자가 될 수 있도록 멘토가 되고, 팀워크를 가꾸어 가는 것이 중요해."
"서로서로 멘토가 된다는 거네요."
"그렇지. 리더의 보람은 부하가 성장하고 큰일을 해 내는 것을 바라보는 것이 아니겠나. 부하들의 성공이 곧 자신의 성과라고 믿기 때문이지."
"그 말씀에 전적으로 동의합니다. 교수님!"
"그래서 부하들이 골을 넣을 수 있도록 코칭하고 어시스트 해야 한다는 거야. 많은 골잡이를 만들어 내고 최고의 선수가 자신의 팀에서 나오기를 기대하기 때문이지."
"어시스트하라고요?"
"그래야, 누군가 공을 넣을 것 아닌가? 그것이 곧 자신이 인정받는 비결이라는 걸 알아야 해. 하지만, 어떤 팀장은 처음부터 공을 자신이 넣으려 안간힘을 쓰곤 해. 부하들은 골을 몰고 상대의 골대 앞에서 자신에게 패스만 하면 되는 것으로 믿고 있어. 혹 좋은 기회가 와서 부하가 골을 넣으면 그것을 도전으로 받아들이곤 하지. 그래서 그 부하는 팀장의 눈에는 늘 티눈처럼 보이게 돼."

"그러면 다같이 죽는 거 아닙니까?"

"그렇고말고. 팀장으로서 최고의 골잡이는 부하들이 많은 공을 넣을 수 있도록 센터링하는 것이야. 그것이 유능한 팀장의 리더십이거든."

박 팀장은 강 교수와의 대화를 통하여 팀장들이 겪고 있는 고충과 그 해결방안을 들을 수 있었다. 그날은 그에게 자신의 딜레마를 극복하고 더 멋지고 유능한 팀장으로 거듭날 기회이기도 했다.

박 팀장을 위한 실전 팀워크 *Tip*

◈ 공동의 비전을 수립해라.

◈ 개인보다는 팀이 승리하게 해라.

◈ 나, 너가 아니라 우리를 외치게 해라.

◈ 서로의 존재를 존중하게 해라.

◈ 팀이 있고 개개인이 있게 해라.

◈ 솔선수범해라.

◈ 지시하지 말고 참여시켜라.

◈ 업무외적인 관심을 나누게 해라.

◈ 팀을 통하여 개개인의 개성을 살리게 해라.

◈ 팀원이 미래를 나눌 수 있게 해라.

Refined Humor Stretching

팀장의 역할을 수행하는 데 도움을 주는 7가지

● **팀원의 기를 살려라**

하나, 팀원을 영웅으로 만들어라

　리더는 혼자만으로는 존재할 수 없다. 이끌고 영향을 미칠만한 대상, 즉 부하나 동료, 고객 등 사람이 있어야 한다. 이끈다는 말은 모범을 보인다는 의미가 있다. 이끌기 위해서는 솔선수범하는 자세와 남보다 앞서 가는 전문지식이 있어야 한다. 리더는 모든 면에서 남보다 앞서 가는 능력과 비전이 있는 사람이어야 한다.

　앞서 가는 리더란 동료, 조직구성원에게 본보기가 되고 비전을 제시하여 영향력을 행사할 수 있는 사람을 말한다. 모름지기 리더란 조직 내의 조직문화를 존중하고 직원의 만족과 목표가 지향하는 바를 이루기 위해 영향력을 행사하는 리더십 철학이 몸에 배어 있어야 한다.

　부하를 선도(리딩)한다는 것은 부하 입장에서 문제를 바라볼 수 있다는 말이다. 리딩이란 앞장서 이끌어 가는 것이 아니라 부하의 고충을 이해하고 정서적으로 만족할 만한 감정이입(empathy)을 내보일 수 있는 리더십을 일컫는다. 따라서 팀장에게 요구되는 첫 번째 자질은 내적인 성실함을 길러 나가는 일이며 추종자(follower)에게 본보기가 되는 일이다.

리더십은 공동의 목표를 달성하기 위하여 구성원 상호 간에 영향력을 행사하고 리더는 구성원을 리딩함으로써 리더십을 발휘할 수 있다.

멋지고 훌륭한 리더는 부하를 영웅으로 만들 줄 아는 사람을 말한다.

"모든 프랑스 병사들은 각기 자신의 배낭 속에 장군의 지휘봉을 지니고 다닌다."라고 나폴레옹은 말했다. 그는 상황이 주어지면 그 어떤 병사도 자신을 대신하여 지휘하고 통솔할 수 있는 리더십이 있다고 믿었던 것이다. 부하의 잠재력을 믿고 응원하며 그가 훌륭한 리더로 성장할 수 있도록 돕는 것도 팀장의 큰 덕목이다.

둘, 팀원에게 에너지를 먹여라

리더는 추종자들에게 에너지를 불어넣고 동기를 심어주는 사람이 되어야 한다. 리더에게 요구되는 에너지란 지적이면서 신체적으로 건강한 상태를 유지하는 일이다. 리더는 살아 움직이는 표상이 되어야 한다. 그러므로 항상 활기차고 정력적인 에너지를 주위 사람들에게 전할 수 있어야 한다.

지적인 에너지란 자기분야에서 전문지식을 쌓고 항상 자신을 업그레이드(upgrade)시켜 나갈 수 있는 철저한 자기관리에서만 나올 수 있다. 리더에게는 지적인 깊이와 아름다움을 겸비할 수 있는 내적인 자질이 요구된다.

이런 에너지가 넘칠 때 비로소 잠재능력을 개발할 수 있으며, 이를 위해서는 긍정적인 태도가 필요로 된다. 긍정적인 태도를 갖는다는 것은 리더십을 발휘할 수 있는 잠재능력을 개발한다는 것이다. 이를 위해서는 더욱더 긍정적인 자아상(Self-concept)을 개발해야 한다.

신체적인 에너지란 항상 밝고 건강한 이미지를 연출하는 사람이 되어야 함을 의미한다. 육체적 건강, 안정 없이 비전을 제시하고 구성원들에게 영향력을 행사할 수는 없다. 신체적·정신적·정서적·경제적인 안정토대 위에서만 정력적인 리더십을 발휘할 수 있다.

에너지를 불어넣는다는 말은 '동기'를 불어넣는다는 말이다. 동기란 사람을 특정한 방향으로 움직이게 하는 힘이다. 그렇기 때문에 조직구성원을 움직일 수 있다는 것은 스스로 움직일 만한 동기를 불어넣는 일이다.

셋, 직원에게 열정을 강요해라

감성시대에는 지식보다 더 중요한 것이 있다. 가슴이 따뜻해야 한다. 열정적인 에너지와 비전이 주위 사람을 감염시킬 수 있어야 한다. 열정만큼 중요한 것은 없다. 열정은 지식보다 중요하다. 인생에서 성공을 이루어 내는 일 중에서 가장 중요한 요인을 들라면 나는 열정을 제시한다. 열정적인 자세만큼 인생을 흥분시키는 일은 없다. 등산하는 사람에게 열정만큼 중요한 게 없다. 정상에 오르는 데 힘이나 지식보다 앞선 것은 오직 오르겠다는 열정만 있으면 오를 수 있다.

열정이라는 단어는 'Enthusiasm'으로 라틴어에서 그 어원을 찾아보면 '안에 신을 둔다.'라는 의미가 있다.

내 안에 신을 둔다는, 열정은 사람을 흥분시키고 자신의 잠재능력을 발휘하게 하는 원동력이 된다. 열정은 주위 사람에게 감염된다. 리더는 열정적인 근무자세와 태도를 가져야 한다. 리더가 열정적이지 못하면 부하를 감동시킬 수 없기 때문이다. 열정은 학벌, 경험, 간판을 초월하는 능력을 낳는다. 열정적인 리더는 비전을 창조하며 미래를 나누어 가질 수 있는 능력이 있는 사람을 말한다.

잭 웰치는 가장 훌륭한 1등급의 자질이 있는 직원은 누구인가라고 질문하고, 그 1등급의 자질은 곧 열정이라고 말했다. 그리고 "열정 속에서는 지저분한 먼지도 태양처럼 빛난다."라는 서양 속담도 있는데, 유능한 팀장은 팀원에게 늘 열정의 약을 먹이는 사람을 말한다.

넷, 자신감을 심어 주어라

자신감은 인간의 능력을 무한정 열어갈 수 있는 마력과도 같다. 지식보다 더 중요한 것은 자신감이다. 자신감은 천부적인 재능을 펼쳐 나갈 수 있는 능력의 표현이다. 성공한 리더들이 가지고 있는 공통점은 자신을 신뢰하고 항상 자신감을 잃지 않고 열정적으로 살아온 사람들이다.

"창세기 이래 당신과 똑같은 인간은 하나도 없으며 또 앞으로도 당신과 동일한 인간은 나타나지 않을 것이다."라고 데일 카네기는 강조한 바 있다. 인간은 태어나면서부터 누구나 자신만의 독특한 능력을 갖추고 있는 차별화된 존재라는 것이다. 이미 특성화되어 있는 자신을 일깨울 수 있는 것은 오직 자신을 신뢰하고 자신감을 갖는 일이다. 성공하는 마음을 심는 사람은 반드시 성공의 열매를 맺지만 실패하는 생각을 하는 사람은 반드시 실패하고 말 것이다.

결국, 성공과 실패의 차이는 자신감의 여부에 달렸다. 자신감이란 자신이 갖고 있는 능력을 스스로 인정하는 기술이라고도 한다.
내적인 능력을 열어 가는 힘이 곧 자신감이다. 리더에게 자신감이 없다면 존경은커녕 누구도 리드해 나갈 수 없다. 리더란 영향력을 통하여 사람을 움직이는 기술이기 때문에 자신감이 없는 리더를 추종할 사람은 없다.

"할 수 있거나 바라는 것이 있다면 주저 말고 지금 시작해라. 대담함은 마술과도 같은 힘을 발휘한다."라고 괴테는 자신감의 중요성을 지적한 바 있다.

할 수 있다는 믿음과 비전을 심어 주는 것, 이것이 팀장의 역할이며 직원들에게 꿈을 주는 것이다.

다섯, 훌륭한 습관을 길들여 주어라

습관은 제2의 천성이라는 말이 있다. 리더로서 비전을 제시할 수 있고 끝없이 자기계발을 추구할 수 있는 힘은 습관화된 일상생활에서 나온다. "우리는 습관의 결과물이다. 우수함이란 결국 행동이 아니라 습관에 불과하다."라고 아리스토텔레스는 습관을 정의하고 있다. "습관이야말로 일관성 있게 주도 무의식적인 유형으로 끊임없이 산 날마다 우리의 성품의 나타내고 개인의 성공, 혹은 실패를 하는데 중요한 역할을 한다."라며 스티븐 코비 박사는 성공하는 사람들의 7가지 습관에서 습관의 중요성을 제시하고 있다. 또한, "훌륭한 습관이란 응급처치 식으로 짧은 시간에 형성되는 것이 아니다. 습관이 형성되는 것은 하나의 과정이고, 나아가 무한한 결심과 몰입을 요구한다."라며 습관의 형성과정을 강조하였다. 오늘의 내 모습은 과거 꾸준히 연습하고 행동해 온 '습관의 결과물'이기 때문에, 오늘의 습관이 결국 내일의 결과를 만든다는 것이다.

성공학자 나폴레옹 힐은 "우리의 모든 행동은 걸음마란 단계부터 쌓아온 습관의 결과물이다. 우리가 걷고 말하는 것도 습관이다. 먹고 마시는 것, 성행위도 습관이다. 긍정적이든 부정적이든 타인과 관계를 맺는 것도 습관의 결과물이다. 하지만, 우리가 습관을 왜 또는 어떻게 형성하는지 아는 사람은 거의 없다."라며 습관의 중요성을 제기하고 있다.

성공하는 습관을 직원들에게 심어 주고, 최고가 되는 습관을 찾을 수 있도록 길을 닦아 주는 선배, 이것이 부하직원들이 요구하는 팀장의 리더십이다.

여섯, 직원을 혁신적인 사고로 무장시켜라

리더는 혁신적인 사고와 행동을 직원들에게 불어넣는 사람이다. 환경변화에 능동적으로 대처하고 대응적이 아니라 주도적으로 삶을 개척해 나가는 리더십이 요구되기 때문이다. 리더는 사람에게나 시장환경에 끌려가는 사람이 아니라 이끌고 리드해 나가는 사람이다. 따라서 항상 앞장서고 혁신적인 사고와 비전을 가질 수 있도록 직원들에게 가르쳐야 한다.

혁신적인 사고(Breakthrough thinking)는 편안하고 고정화된 틀을 깨고 안전지대(safety zone)를 넓힘으로써 잠재된 무한한 능력을 개척해 나가게 한다. 보통 사람들은 평소에 자신의 능력을 10%밖에 사용하지 못한다. 이 시대에 필요한 사람은 10% 능력 안에 안주하는 사람이 아니라, 틀을 깨고 나와 90%의 무한한 잠재능력에 도전하여 인생을 혁신적으로 개척해 나가는 사람이다.

직원들에게 요구되는 혁신성이란 낡은 사고와 보통의 삶을 박차고, 창의성 있는 비전을 제시하고, 구성원들 서로에게 영향력을 행사할 수 있는 자질을 말한다.

리더는 항상 창의성을 발휘하기 위해 혁신적인 사고를 갖는 '습관의 중요성'을 역설하는 사람이어야 한다. 그러므로 직원의 기와 끼를 불태우고 능력을 100% 발휘할 수 있도록 코칭하는 선배역할, 이것이 조직 내에서 팀장(리더)의 역할이다.

일곱, 목적이 없는 직원은 추방해라

리더십이란 공동의 목표를 이루기 위해 서로에게 영향을 미치고 추진해 나가는 과정이다. 목표의식이 없다면 리더십은 표류하고 영향력을 발휘할 수 없다. 목표의식은 비전과도 일치한다.

리더십 컨설턴트인 워런 베니스는 '리더십이란 비전을 현실로 옮기는 능력'이라며 비전설정이 얼마나 중요한가를 제기하고 있다.

평생 맹인이며 청각장애우였던 문호 헬렌 켈러 또한 '이 세상에서 가장 한심한 사람은 볼 수는 있지만 비전이 없는 사람'이라고 비전 없이 사는 사람의 허상을 고발하고 있다. 그리고 "리더십 개발은 평생의 여행이지 잠시의 나들이가 아니다."라며 비전을 갖는 일의 중요성을 역설하였다. 공감할 수 있는 비전을 제시할 때 추종세력을 모을 수 있고 효과적인 리더십을 개발해 나갈 수 있다는 것이다.

우리 모두에게 비전이 없다는 것은 죽은 것과 같다. 나는 평소 '인간은 꿈을 먹는 동물'이라고 생각한다. 꿈을 꾸는 데는 나이, 성별, 빈부, 학식, 직업이 걸림돌이 되지 않는다. 꿈을 먹음으로써 우리의 미래는 윤택해지고 행복해지는 것이다. 꿈을, 비전을 가질 수 없다면 미래를 포기한 것이다.

인간은 꿈을 먹는 유일한 동물이다. 꿈이 없다면 우리의 인생은 얼마나 비참하겠는가!

리더는 비전을 제시하고 높은 단계에 오를 수 있는 꿈을 먹는 리더십을 발휘할 수 있도록 부하직원들을 이끄는 사람이어야 한다.

'목적을 설계하지 않는 사람은 실패를 계획하는 것'이라고 세계적인 동기부여가인 브라이언 트레이시는 말했다. 이렇듯 팀이 결속력을 갖고 일사불란(一絲不亂)하게 움직이기 위해서는 한 방향으로 진격할 수 있는 목표가 있어야 한다.

직원의 기를 살리는 팀장 언어 *Tip*

- 처음부터 잘되는 경우는 드물어. 기죽지 말게.
- 실패한 게 아니야. 방법을 달리해 보자고.
- 한 번 더 도전해 보지 않겠나?
- 이 분야 전문가를 소개해 줄게.
- 역시 자네야. 그래서 난 자네를 믿네!
- 혼자 고민하지 말고 함께 해결해 보자고.
- 훌륭해. 잘했어.
- 이 분야는 자네를 따라올 만한 사람이 없어.
- 자네를 볼 때마다 힘이 나네!
- 자네처럼 유능한 후배와 함께 일할 수 있어 얼마나 다행인지 몰라.

Refined Humor Stretching

팀장들이여~ 리더로서 겪고 있는 딜레마를 진단해 보자

이번 장에서 여러분은 박 팀장과 강 교수의 이야기를 들었다. 현실적이면서 누구나 직면할 수 있는 그런 과제들이 오고 갔다. 그렇다면, 나는 과연 어떤 딜레마에 빠져 있는가?

지금까지 팀장(리더)으로 일하면서 스스로 느끼는 딜레마는 무엇인지 다섯 가지만 답해 보라. 그리고 그 해결방안을 강 교수의 가르침을 바탕으로 스스로 제시해 보자. 문제를 안다는 것은 이미 그 문제의 해결책을 찾은 것이나 다름없다.

구분	딜레마	해결방안
팀 차원의 딜레마	1. 2. 3. 4. 5.	1. 2. 3. 4. 5.

구분	딜레마	해결방안
개인 차원의 딜레마	1. 2. 3. 4. 5.	1. 2. 3. 4. 5.
리더십 차원의 딜레마	1. 2. 3. 4. 5.	1. 2. 3. 4. 5.

Refined Humor Stretching

3장 **팀장의 유머**

팀장의 유머가
직원의 기를
살린다

¤ 간단하지만 때론 강력한 힘을 발휘하는 팀장유머전략

How to Improve the Morale with a Word!

팀장에게 유머를 먹여라 / 유머스트레칭 돼지도 웃으면 날개가 난다 / 팀장에게 유머가 넘치면 어떤 일이 생길까 / 웃기는 팀장이 지녀야 할 6가지 감성마인드 / 유머스트레칭 조직에 웃음이 흐르게 하려면 / 비즈니스 유머로 승리를 거둬라 / 유머스트레칭 웃음은 천 가지 해를 없애 준다 / 직원의 기를 끌어올리는 유머성공전략 / 최고의 직장을 만드는 최상의 기법은 / 회사가 유머기업으로 거듭나기 위해 필요한 5가지 / 재미있는 일터로 변화시키는 10가지 웃음기법

Refined Humor Stretching

팀장에게
유머를 먹여라

● 웃기는 팀장이 직원을 스스로 움직이게 한다

 최근 한 연구조사에 의하면 가장 일하고 싶은 직장은 어디인가, 라는 질문에 응답자의 대부분이 월급보다는 일하기에 재미있는 직장이라고 대답했다. 이는 일터의 기준과 노동의 의미가 어떻게 변해가고 있는가를 잘 보여주는 사례다.
 '팀장의 유머감각'은 단지 직원을 즐겁게 하는 것이 아니라 생산성 향상과 팀워크 증진에 기여하여 재미있고 행복한 일터를 만들어 나가는 데 결정적인 역할을 한다.

 컴퓨터 시스템 전문가인 A 팀장은 그가 개발한 프로그램 하나로 어느 날 경쟁업체에 거액의 몸값을 받고 중역으로 스카우트되었다. 그런데 그가 옮겨간 회사는 너무 경직되어 있고, 조직문화가 엄격하였다. 직원을 위한 복지프로그램은커녕 갈등과 스트레스로 직원들이 몸살을 앓고 있음을 발견했다.

오직 업무중심, 성과중심, 연공서열만을 내세우는 그 조직에서 그는 자유롭게 일할 수 없다고 느꼈다. 무엇보다도 보이지 않는 벽과 구성원 간의 반목은 그를 크게 실망시켰다. 그래서 그는 재미있게 일하며 웃음이 넘치는 신뢰할 수 있는 직장문화를 만들어 가기로 결심했다.

무엇보다도 구성원들에게 여유와, 재미, 놀이가 함께하는 직장을 만들고 싶었다. 그러나 관료주의에 물들어 있는 기존의 간부들과 규칙을 엄격하게 생각하는 사장의 반발로 벽에 부딪히고 말았다. 하지만, 그는 거기에서 멈추지 않고 개방적인 조직문화를 만들고 웃음이 넘치는 직장을 만들기 위해 자리를 걸고 윗사람들과 싸우고 있다.

A 팀장이 이렇게 자리를 걸고 싸워야 하는 이유는 무엇이라고 보는가? 직장에 유머가 넘치면 어떤 이점을 안겨 줄까? 다음에 이어지는 내용을 통해 하나하나 살펴보자.

잘 먹고 잘살자고 하는 일인데 웃음을 잃고 산다는 것은 실패한 삶이거나 부정적인 인생을 사는 것에 불과하다. 고속 승진으로 동료에 비해 월급이나 더 많은 의사결정권한을 부여 받고 인정받는 간부로 잘나가지만 늘 심각한 표정을 갖고 있다면 어떨까?

게다가 늘 진지하고 무거운 얼굴을 하고 있다면 주변 사람에게 어떤 느낌이 들까? 가정에서든 직장에서든 일밖에는 하는 게 없고 놀이 감각이나 웃을 수 있는 정서가 메말라 있다면 주변 사람들에게 얼마나 부담스런 존재가 될까?

그렇다면, 더는 리더의 역할을 하기에는 부족하다. 지식이나 학력, 업무추진능력만으로는 팀원들을 이끌어 나가기에는 역부족이다. 요즘 신세대들의 감성, 기대수준, 비전, 일과 직장에 대한 콘셉트가 상상하지 못할 만큼 매년 빠르게 달라진다.

이는 단순한 세대 혹은 문화적인 격차가 아니라 이제는 조직문화에 심각한 영향을 줄 만큼 대책을 세워야 한다는 것이다. 그런데 팀장이 그들과 정서적으로 교류할 수 없을 만큼 늘 진지하다는 것은 문제가 아닐 수 없다.

마크트웨인은 '인류에게 한 가지 효과적인 무기가 있으니 그것은 웃음'이라고 말한 바 있다. 그리고 웃음은 빙산도 녹인다는 말이 있다. 의학적으로는 암세포를 죽일 만큼 생명체에게는 치료제로도 기능을 한다.

웃음은 만인에게 평등하게 찾아오는 걸 보면 이는 분명히 신이 준 선물임이 틀림없다. 우리가 부지불식중(不知不識中)에 신의 존재를 잊고, 사랑을 잊고 사는 것처럼 그저 그렇게 웃음을 까맣게 잊고 살아가고 있을 뿐이다. '웃음은 가장 값싸고 가장 효과 있는 만병통치약이다. 웃음은 우주적인 약'이라고 러셀은 말한 바 있다.

웃는 일에 인색한 것만큼 초라해 보이는 것은 없다. 가능한 한 많이, 그리고 자주 웃고 웃음을 나눌 기회를 만들어 가는 것이 인생을 여유 있고 풍요하게 만들어 나가는 일이다.

유머는 직장이나 가정에서 비용을 절감해 주는 경제적인 효과도 갖고 있다. 그러므로 다양한 방법을 통하여 유머 바이러스가 조직 곳곳에 스며들게 해야 한다. 가장 따분하고 힘들어 보이는 사람은 돈이 부족한 사람이나 배우지 못한 사람이 아니라 늘 웃음이 없는 사람이다.

하버드 의대의 조지 베이런트 교수는 66년간에 걸쳐 하버드 졸업생 268명의 인생을 추적 조사한 바 있다. 이 조사 자료에 의하면 학업성적이 인생의 성공이나 행복을 결정하는데 미친 영향은 극히 일부분에 지나지 않았다는 것이다. 성공한 사람들에게는 웃음과 유머가 공통적인 특성으로 나타났다고 말한다.

스텐포드대의 정신과 교수인 윌리엄 프라이는 '웃음은 잠재의식을 일깨우는 가장 고상한 길'이라고 말한 바 있다. 가정이나 직장에서 구성원들에게 사기를 심어 주고 잠재능력을 일깨우는 방법에 유머가 효과가 있다면 서로 웃고 웃기는 일을 어찌 마다하겠는가. 일상의 틀을 깨고 매너리즘을 깨는 데도 유머는 그 힘을 발휘한다. 매너리즘에 빠지면 생산성이 떨어지고 규칙만을 따르려 하며 이른바

복지부동(伏地不動)으로 창의성을 죽이는 일에만 얽매이게 된다.

어느 병원에 수면제 없이는 잠을 못 자는 환자가 입원했다. 담당 간호사는 매일 밤 정해진 시간에 그 환자에게 수면제를 먹이는 것이 업무였다. 어느 날 잡무에 쫓겨 수면제 먹이는 것을 깜빡 잊은 간호사가 곤히 잠자는 환자를 흔들어 깨웠다.
"여보세요, 어서 일어나세요?"

때마침 회진을 돌고 있던 의사가 물었다.
"왜 곤히 잠자는 환자를 깨우고 그러세요?"
"수면제 먹을 시간이거든요…."

곤히 잠자는 환자를 깨우며 강제로 수면제를 먹이려는 것은 간호사의 업무가 경직되어 있고 틀에 갇혀 있다는 것을 직접적으로 보여주고 있다. 그런 일상생활 속에서는 웃음이나 여유를 찾기가 어렵다.
이제부터는 장소와 직위를 불문하고, 부드럽고 감성적인 유머를 나누는 습관이 필요하다.
성공하는 팀장에게 한 가지 공통점이 있다면 언제, 어디서나 늘 유머를 즐겨 사용한다는 것이다. 이제 성공을 꿈꾼다면 그 키워드인 유머를 구사할 줄 아는 능력을 갖추어야 한다.

⬢ 유머는 농담이 아니다.

⬢ 유머는 웃기는 일도 아니다.

⬢ 유머는 게다가 순간을 모면하는 재치도 아니다.

⬢ 유머는 강력한 커뮤니케이션이다.

⬢ 유머는 설득의 도구다.

⬢ 유머는 사람을 내 편으로 만드는 기술이다.

유머기술을 익혀 나간다면 그것은 지금 하고 있는 일터를 즐겁게 바꾸고 대인관계를 부드럽게 하며 비용을 줄이고 성과를 창출해 나가는 데 있어 윤활유와 같은 역할을 한다. 또한, 부드러운 이미지와 모든 사람에게 친근감을 줄 수 있는 마력을 갖게 된다.

유머가 있는 사람은 적이 없다는 것 또한 명심해라. 설사 적이 있다 해도, 그는 유머를 활용하여 적을 자기편으로 만들 것이다. 자신의 주가를 높이고 명품인생을 만드는 비결은 바로 유머를 얼마나 잘 구사하느냐의 여부에 달렸다. 유머가 없으면 얼마나 삭막한가를 보여 주는 사례는 우리 정치문화를 보면 알 수 있다. 삿대질이나 고성, 비난 욕설, 때로는 상대당 의원의 명패 집어던지기, 심지어는 의원끼리의 멱살잡이 같은 것들은 우리 정치문화에 일상적인 것이 되어버렸지만 누군가가 먼저 유머를 주고받는 리더십을 발휘한다면 하루아침에 존경 받는 정치문화를 만들어 나갈 수 있다고 확신한다.

"정치인에게 가장 가르치기 어려운 것은?" "웃는 일."

"정치인에게 가장 가르치기 쉬운 일은?" "싸움."

유머 컨설턴트인 밥 로스(Bob Ross)는 "유머감각을 갖는 데는 돈이 들지 않지만 유머감각을 갖지 못하면 큰 비용을 초래할 수 있다."라며 유머의 중요성을 역설하고 있다. 유머는 보이지 않는 힘이다. 활력을 불어넣어 주고 흩어지는 마음을 하나로 묶는 역할을 한다. 이것이 웃음의 마력이다.

그래서 유머를 제6의 감각이라고 말한다. 아무리 다섯 가지 감각이 잘 발달되어 있다 하더라도 마지막 유머감각이 없으면 자신을 표현하고 대인 간 협상을 리드하는데 어려움이 따를 것이다. 다섯 가지의 감각은 비로소 유머감각에 의하여 빛을 발휘할 수 있다.

21세기의 리더는 지식이나 학력에 의해서 나타나지 않는다. 감성시대, 글로벌 시대를 리드해 나가는 리더는 인간적인 감성이 흘러넘치는 유머감각을 갖는 데서부터 시작한다. 유머를 갖고 출근해라. 모임이나 회의에 갈 때는 반드시 유머를 챙겨라. 그리고 유머로 토의하고 질의해라. 그리고 절대로 유머가 없는 사람과는 어울리지 마라. 그는 늘 진지하고 심각할 뿐이다. 인생은 그들처럼 그렇게 인상 쓸 만큼 심각하지는 않다.

팀장으로 성공하고 싶은가? 조직의 리더로 성공하고 싶은가? 조직 구성원들에게 비전을 심어 주고 싶은가? 그렇다면, 지금 당장 웃는 연습부터 해라. 그리고 유머감각을 살려라. 그것만으로 팀장(리더)의 성공학은 완성된 것이다.

- 유머는 약점을 감춰 준다.
- 유머 있는 사람에겐 적이 없다.
- 유머는 위기를 극복하는 힘이 있다.
- 유머는 두뇌 활동을 촉진한다.
- 유머는 어색함을 몰아낸다.
- 유머는 스트레스를 죽인다.
- 유머는 일을 즐겁게 한다.
- 유머는 여유를 준다.
- 유머는 협상력을 높인다.
- 유머는 분위기를 안내한다.
- 유머는 선한 사람으로 만든다.

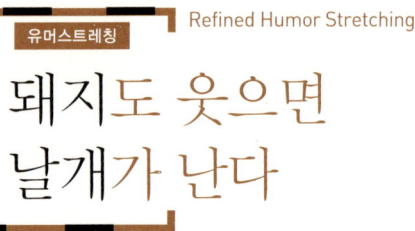

유머스트레칭 Refined Humor Stretching
돼지도 웃으면 날개가 난다

● 웃지 않는다면 돼지에게 연수를 보내라?

가장 비싼 돼지는?

당연히 웃는 돼지다. 그런데 진짜 돼지가 웃는다고 보는가. 물론 그렇지 않다. 그럼, 왜 우리는 웃는다고 생각하는 돼지에 그토록 충성하는가. 심지어 죽은 돼지에게 절을 하며 돈까지 바치질 않는가. 제 조상에게는 기껏해야 술이나 과일이나 주면서 말이다. 정말 돼지가 웃을 일이다. 우리 안에는 그만큼 웃음에 대한 기대와 웃음에 메말라 있다는 증거일 것이다. 그러기에 도끼 맞아 죽은 돼지가 웃는다고 난리를 피질 않는가?

그런데 정말로 돼지가 좋은 이유가 무엇인가?

⊗ 도끼로 죽였는데도 웃는다.

⊗ 버릴 게 없다.

⊗ 죽어서는 부위별로 먹을 것을 준다.

⊗ 죽어서는 머리맡에서 동전을 모아 준다.

◈ 죽어서 인간의 절을 받는 유일한 동물이다.

그런데 진짜 좋은 이유는?
◈ 나보다 못생긴 게 웃으니까.

그러면, 돼지를 웃게 하는 방법은?

내가 웃으면 된다. 나부터 웃으면 살아 있는 것은 그것이 무엇이든 웃어 보인다. 웃음은 돌부처도 춤추게 한다고 하지 않는가? 하지만, 웃는 모습만으로도 만물의 영장인 인간에게 절을 받는 동물은 돼지밖에 없다.

그렇다면, 팀장이 웃으면 어떤 일이 벌어질까? 물론 돼지가 키스하려 덤벼들 리는 없지만, 팀장이 앞장서서 웃으면 다음과 같은 일이 벌어질 것이다.

◈ 조직문화가 하루아침에 달라진다.

◈ 전 직원에게 믿음을 준다.

◈ 한 가족과 같은 느낌을 준다.

◈ 존경과 충성심을 자극한다.

◈ 훌륭한 일터가 만들어진다.

◈ 참여의식이 높아진다.

◈ 기업이미지가 향상된다.

◈ 엄숙주의가 사라진다.

◈ 비전을 심어 준다.

◈ 일과 놀이의 경계가 무너진다.

  팀장이 웃으면 주가가 올라간다. 자신을 포함한 팀원, 그리고 조직의 주가가 올라간다.

  이제는 웃음지수를 도입해라. 개인별, 팀별, 조직 전체의 웃음지수를 높이는 아이디어를 짜내라. 그리고 '유머의 날'을 정해라. 물론 웃지 않는 직원은 돼지에게 연수를 보내라. 하하하.

팀장에게 유머가 넘치면
어떤 일이 생길까

Refined Humor Stretching

● 누구든지 웃는 만큼 출세한다

직장에서 마음껏 일하고 놀고 웃을 수 있는 여유와 기업문화가 있다면 누구든지 열정을 다해 최선을 다할 것이다.

팀장은 자신만의 능력이 중요한 것이 아니라 팀원들의 능력을 발휘할 수 있는 기업문화를 만들어 나가는 일에 신경 써야 한다. 훌륭하고 끼가 넘치는 사원을 뽑아 놓고 선배들의 잣대로 평가하고 자신들이 만들어 놓은 시스템에 복종하기를 원한다면 팀장을 버려라. 이제는 그들 스스로 기업문화를 만들 기회를 제공하고 권한을 주어야 한다.

외국계 금융회사에서 일하는데 실적도 좋고 회사를 위한 다양한 프로젝트를 제출하여 특별 보너스를 받는 등 일에서는 남에게 뒤지지 않는 능력을 갖추고 있는 팀장이 있었다.

사장도 그의 제안에는 언제나 OK할 만큼 인정받는 아이디어를 내놓는다. 일과 회사 기여도에서 그를 따라올 수 있는 사람은 얼마 안 되었다.

그런데 그는 놀 줄을 모른다. 언제나 진지하고 심각한 얼굴을 하고 있다. 원칙만을 존중하며 분위기를 끌고 나가는 요령은 찾아 볼 수가 없다. 주5일 근무제가 실시되고 여가시간이 늘어나면서 가정에서 부부싸움이 빈번하게 일어난다. 일만 아는 재미없는 사람이다. 그에게 웃음이나 유머를 기대하는 것은 어려운 일이다. 그것은 자신과는 무관한 것처럼 그렇게 그는 살고 있다.

그 팀장에게 부족한 것은 학력이나 업무처리기술이 아니다. 그에게는 누구나 누려야 할 기초지식인 웃음이 없다. 웃음만큼 낯설고 어색한 관계를 쉽게 무너뜨리는 것은 없다. 웃는다는 것은 동의한다는 것이다. 이제는 누구나 웃음이 넘치는 일터가 생산성이 높다는 사실을 안다. 또한, 누구든지 그런 자리에서 일하기를 갈망한다. 그렇기 때문에 조직 내에 웃음 바이러스를 퍼트리는 것이 팀장의 주된 과업이어야 한다.

이제 우리 각자의 얼굴은, 곧 자기 인생의 간판이다. 이 무서운 간판을 내걸고 나갈 것인가? 아니면 바꿀 것인가? 이대로 더는 밖으로 나갈 수 없다. 내 안에 잠자고 있는 따뜻한 얼굴을 꺼낼 수 있는 용기와 지혜가 필요하다. 이제는 웃음 바이러스를 서로에게 퍼트릴 수 있는 열린 마음을 갖고 일터로 나가는 변화가 필요하다.

팀장은 많은 열정과 기질이 뛰어남에도 불구하고 또 다른 이중성이 있다. 그들은 조직의 기대와 자기성취, 팀워크, 부하관리라는 의무 앞에 신음하고 있다. 그들을 올바르게 인도하는 것은 무엇일까? 그들을 유능한 팀장으로 리드하는 비결은 무엇일까?

능력은 프로급인데 팀 운영은 아마추어인 그들을 빛나게 하는 것은 바로 유머다. 유머가 치유책이 될 수 있다.

이제는 유머로 리드하는 시대다. 유머로 리더십을 빛나게 할 수 있다. 유머는 약점을 감추어 주고 실수를 덮어 주며 어색함을 안아 주는 마력이 있다. 팀장에게 유머가 넘치면 조직문화, 상사, 부하, 팀, 리더십, 업무에 다음과 같은 영향을 줄 수 있다.

조직문화에 미치는 영향	상사에게 미치는 영향	부하에게 미치는 영향
• 기업문화와 대외 이미지를 부드럽게 만든다. • 갈등과 스트레스를 완화한다. • 개방적이고 신뢰하는 일터를 만든다. • 건강하며 웃음이 넘치는 기업문화를 만들어 간다. • 기업의 브랜드 가치가 높아진다. • 충성도를 높인다. • 원활한 커뮤니케이션이 가능하다. • 아이디어와 창의성을 자극한다. • 팀워크를 통해 경쟁력을 향상시킨다.	• 서열을 뛰어넘는 커뮤니케이션을 가능케 한다. • 전통을 뛰어넘는 사고를 하게 한다. • 일에 놀이 개념을 도입하게 한다. • 유머를 거부하는 기존의 패러다임을 바꾸게 한다. • 권위에 의존하기보다 유연성을 갖게 한다. • 부드러운 이미지를 만든다. • 신뢰감을 높여 준다. • 세대 간의 벽을 허문다. • 긴장을 풀게 한다.	• 부하의 의욕을 자극한다. • 감성적인 유연성을 자극한다. • 일터에서 오는 거부감을 쉽게 극복하게 한다. • 의사표현을 자유롭게 한다. • 서로 관심과 호기심을 자극한다. • 놀이정신으로 일에 몰입할 수 있게 한다. • 열정적으로 일할 수 있게 한다. • 자유로운 분위기에서 업무를 처리할 수 있다.

팀에게 미치는 영향	리더십에 미치는 영향	업무에 미치는 영향
• 팀을 단합시킨다. • 일과 재미를 하나로 만들어 간다. • 신뢰하고 공동의 비전을 누리게 한다. • 지속적인 변화가 가능하다. • 보이지 않는 벽을 허물어 준다. • 재미를 공유하게 하여 팀워크를 결속시킨다. • 비용을 줄이고 성과창출에 기여한다.	• 영향력을 자연스럽게 증대시켜 나간다. • 대인관계의 거부감을 극복하게 한다. • 친근감을 불러일으킨다. • 개방적이고 긍정적인 마인드를 갖게 한다. • 위기를 쉽게 극복하게 해 준다. • 설득력을 길러 준다. • 신뢰감을 높인다.	• 일을 재미있게 만든다. • 업무성과를 향상시켜 나간다. • 직원들의 열정을 자극한다. • 창의성과 아이디어를 자극한다. • 틀에 얽매이지 않는 업무환경을 만들어 준다.

Refined Humor Stretching

웃기는 팀장이 지녀야 할 6가지 감성마인드

● 유머 있는 팀장은 노력에 의해 길러진다

　유머로 웃음을 줄 수 있는 팀장이 되기 위해서 무엇을 해야 할까? 우선, 성공하는 사람들과 행복한 사람들이 공통으로 갖고 있는 유머감각을 살려 나가야 한다. 누구나 타고난 테러리스트가 없는 것처럼 처음부터 훌륭한 유머리스트는 없다. 이제부터 자신감을 갖고 자신을 유머리스트로 만들어 나가는 것은 어떤가.

　유머 있는 사람에게 사람이 모이고 그가 이 감성시대를 리드해 나가는 참 리더가 될 것이다. 멋진 리더는 경직된 조직을 유연한 조직으로 이끌어 가며, 이성적 논리와 감성적인 감각을 잘 조화시켜 나가는 사람이다. 위로는 중역진들과 원활한 커뮤니케이션을 이루어 나가야 하며, 아래로는 후배들을 감싸고 비전을 제시하여 믿음을 심어 주고 맏형 같은 리더십을 발휘하는 것이 팀장이 안고 있는 과업이다.

　이제까지 팀장에게 요구되던 자질이 여전히 신세대들을 이끌고 조직의 목표달성을 이루어 나가는데 필요하다고 보는가. 웃음은 보이지 않는 벽을 허물고 서열중심의 커뮤니케이션에 변화를 가져오며 일을 신나고 재미있게 할 수 있는 엔도르핀을 만들어 낸다.

서양에서 웃음은 뇌에서 뀌는 방귀라고 한다. 조직이 답답하고 여유가 없는 체증에 걸린 상태에서 더 이상의 창의성이나 아이디어가 나오기를 기대할 수 없다.

따라서 이제는 웃음의 가치를 인정해야 하고, 일터에서는 웃음경영을 도입할 수 있는 감성마인드를 가져야 한다. 그럼, 우리에게는 어떤 자세가 필요할까? 다음을 통해 살펴보자.

첫 번째는 역발상 사고다. 어느 강의 시간에 교수가 열강을 하고 있었다. 그런데 그 교수가 칠판에 글씨를 쓸 때마다 학생들은 낄낄거리고 난리가 났다. 교수는 웃지 말고 조용히 하라고 점잖게 타일렀다. 그런데 교수가 뒤돌아설 때마다 학생들은 더 크게 웃기 시작했다. 그 학생들이 웃은 이유는 교수의 바지가 터진 틈으로 빨간 팬티가 보였기 때문이다. 드디어 교수가 얼굴을 붉히며 소리쳤다.

"웃는 녀석도 나쁘지만 웃기는 녀석은 더 나쁜 놈이야!"

참으로 웃긴 일이다. 교수 자신의 바짓가랑이가 터진 줄은 모르고 웃는 학생들만 나무랐으니 말이다. 그 교수가 혹시 자기 때문에 학생들이 웃을 수도 있다는 생각을 한번쯤만 해 보았어도 그런 해

프닝은 없었을 것이다.

역발상은 특히 직장에서 리더인 팀장에게 요구된다. 그는 늘 조직의 허리를 맡고 있는 중간의 위치에 서있다. 위로는 상사와 회사의 눈치를 보아야 하고, 아래로는 늘 부하들의 도전과 입장을 배려해야 하는 이중적인 고통을 겪고 있다. 늘 부족하고 조정자로서의 역할이 부족하다고 느낄 수 있다. 그런 업무환경 속에서는 웃음을 참을 수 없다. 그에게 필요한 것은 바로 역발상의 사고다. 현상을 뒤집어 보고 밖에서 바라볼 수 있는 사고가 유머리더십을 키운다.

두 번째는 PMA 사고다. PMA(Positive mental attitude)는 긍정적인 마음자세를 갖는 일이다. 진정한 유머는 머리에서 나오는 것이 아니라 마음에서 나온다. 늘 긍정적인 마음가짐이 웃음을 만들어 낸다.

팀장은 긍정적인 바이러스를 퍼트리는 일꾼이 되어야 한다. 팀장이 긍정적인 마음을 먹는 것만으로도 그 구성원들은 저절로 신나고 생산성이 향상될 수 있다. 이것이 팀장의 리더십이다.

뛰어난 전략이나 비전보다도 긍정적인 마음을 갖고 부하를 대하는 것이야말로 그 조직을 이끄는 원동력이 된다.

징기스칸 밥상 이야기가 있다. 어느 날 아침을 먹고 큰 전쟁터로 나가려 하는데 갑자기 징기스칸의 밥상 다리가 부러진 것이다. 참모들은 모두 놀라며 당황했다.

"장군님, 오늘 전쟁은 뒤로 미루는 것이 좋을 듯싶습니다."
"왜 그러느냐?"
"장군님의 밥상 다리가 부러졌다는 것은 뭔가 불길한 징조입니다. 그러니 오늘 공격계획을 다음으로 미루십시오."

모든 참모들이 똑같은 말을 했다. 한참 동안 참모들의 말을 듣고 있던 징기스칸은 무릎을 탁 치면서 소리쳤다.
"오늘 전쟁은 우리가 반드시 승리한다."

모두가 놀라 아무 말이 없자 그는 이렇게 말했다.
"장군인 내 밥상 다리가 부러졌다는 것은 더이상 밖에서 비 맞으면서 밥 먹지 않아도 된다는 뜻이다. 이젠 이런 밥상은 필요 없다. 오늘 전쟁은 우리가 반드시 승리하고 고향으로 돌아간다."

결국은 징기스칸의 뜻대로 전쟁을 했고, 결과는 대승리로 끝났다. 똑같은 상황에서도 그것을 긍정적으로 보느냐 부정적으로 보느냐에 따라 결과는 엄청난 차이를 가져온다. 리더의 긍정적인 마인드가 조직을 살리고 비전을 제시한다. 이것이 곧 웃음을 낳게 하고 재미를 낳게 한다.

팀장은 늘 긍정적인 마인드를 품어야 한다. 그것을 팀원들에게 전염시킬 각오가 되어 있어야 한다. 유머가 깃든 사고는 갈등과 스트레스가 팽배한 머릿속에서는 나오지 않는다. 그런 상황에서는 누구나 자신을 방어하려 하기 때문이다.

세 번째는 TPO 원칙이다. 상대를 제압할 수 있는 유머감각은 Timing(타이밍), Place(장소), Occasion(상황)이 적합해야 한다. 누구나 한 번쯤은 썰렁한 유머로 어색한 상황에 처한 적이 있을 것이다. 이런 경우는 대게 바로 앞의 세 가지 중에 무엇인가 하나에 문제가 있는 경우다. 이런 경우에서 벗어나면, 유머는 더 어색한 분위기를 만들고 부정적인 반응을 보이게 한다. 유머를 던졌는데 상대방이 눈만 하얗게 뜨고 쳐다본다면 이 얼마나 당황스러운 일인가. 더욱이 많은 직원 앞에서 멋지게 연설한다며 나름대로 유머를 구사했는데 아무런 반응이 없다면 죽을 맛일 것이다.

유머가 썰렁한 경우는 대개 다음과 같은 경우다.

- 억지로 웃기려 할 때
- 유머를 구사해야 한다는 부담감을 가질 때
- 누구나 아는 유머를 마치 혼자 아는 것처럼 떠들 때
- 지나치게 농담이 섞여 있을 때
- 토의주제나 분위기에 맞지 않을 때
- 사람의 약점을 주제로 할 때
- 성적인 주제가 농후할 때
- 조리 없이 말만 늘어 놓을 때

유머 컨설턴트인 폴 맥기는 "유머는 조직 내부에 노동 윤리를 고취시키고 창의력과 팀워크를 강화시키고 비즈니스 과정에서 발생하는 스트레스를 감소시키며 심리적인 저항력을 향상시킨다."라고 강조한 바 있다.

이렇듯 팀장의 적절한 유머 한마디는 조직문화를 변화시킬 수 있으며 직원들의 갈등과 스트레스를 조절하며 생산성을 향상시킬 수 있는 첨단 경영무기와 같은 것이다.

요즘은 분명 여성 상위시대다. 톰 피터스 교수는 '21세기의 새로운 리더는 여성'이라고 역설했다. 어느 공청회에서 열띤 토론이 벌어졌다. 이 날의 주제는 남녀 성차별을 줄이자는 취지에 바탕을 두고 있었다. 한참 공방이 오가다 여세에 몰린 화난 남자 토론자가 말했다.

"맞습니다. 이 사회가 성숙해지기 위해서는 여성의 질을 넓혀야 합니다."

이 말을 듣고 있던 한 여성이 방청석에서 소리쳤다.
"아닙니다. 우리 사회가 더 안정되기 위해서는 무엇보다도 남자의 자질을 키워야 합니다." 어색한 토론장은 순식간에 웃음바다로 변했다. 비록 유머주제가 성적인 내용을 갖고 상대를 공격했지만 상황에 적합하고 분위기에 편승하는 주제였다는 점에서 참석자들에게 웃음을 자아내게 한 것이다.

네 번째는 Reading이다. Leader는 Reader다. 유머감각은 언어로 완성된다. 촌철살인(寸鐵殺人)의 예리함과 감각을 살려 나가야 한다. 어떤 사람은 유머를 외우고는 있지만 제대로 전달할 수 없다고 하소연한다. 유머는 말을 많이 할수록 그 재미는 반감된다. 가능한 한 1분 이내에 설명할 수 있어야 한다. 짧은 시간에 몇 개의 문장으로 상대방을 제압할 수 있고, 설득력을 높여 나가는 것이야말로 유머의 기술이다.

어느 병원에 입원한 한 환자가 틈나는 대로 독서를 했다. 그를 담당한 의사는 언제나 그를 칭찬하였고 다른 환자들도 누워만 있지 말고 그를 본받으라고 말했다. 어느 날 회진을 하는데 그 환자가 의사를 붙들고 말했다.

"의사 선생님?"

"왜 그러시죠?"

"갑자기 제가 소라는 느낌이 들어요."

"그래요?"

의사는 그의 정신질환이 악화하는 것은 아닌가 걱정하면 물었다.

"그런데 언제부터 그런 생각이 들었죠?"

"네. 송아지 때부터요."

다섯 번째는 칭찬하는 습관을 갖는 것이다. 칭찬 속에서 웃음과 유머가 나올 수 있지만 유머로 칭찬도 할 수 있다. 유머와 칭찬은 한통속이다. 칭찬하는 습관은 상대와 하나가 되는 일이다. 팀장에게 칭찬하는 습관이 없다면 그는 부하를 지휘할 능력이 없는 것이다.

칭찬은 놀랍게도 상대의 마음을 여는 단순한 기술이다. 그런데 칭찬에 너무 인색한 나머지 오히려 상대방 마음의 문을 더욱더 닫게 하는 경우가 허다하다. 칭찬은 따뜻한 언어를 만들어 낸다. 칭찬이 풍부한 팀장은 유머가 풍부한 팀장이다.

여섯 번째는 연습(Practice)하는 일이다. 아무리 기발한 아이디어를 갖고 있어도 그것을 써먹지 못하면 무용지물이다. 특히 유머는 기억하는 것과 표현하는 것과는 천양지차(天壤之差)다. 어떤 이는 잘 웃는데도 전혀 표현하질 못하는 경우가 있다. 또 많은 유머를 알고 있는데도 혹시 사람들이 웃지 않으면 어떡하지 하는 불안감을 갖고 사는 사람도 있다.

그러나 걱정할 것 없다. 무조건 유머를 사용해 보는 것이다. 누구한테 들은 유머나 책에서 읽은 유머는 반드시 그날 써먹어야 효과가 있다. 어색하다고 느끼는 사람은 우선 가족들에게 사용해 보라. 그리고 아이들, 친구들, 직장으로 점차 대상을 확대시켜 나가다 보면 어느덧 훌륭한 유머리스트가 되어 있을 것이다. 연습만이 대가를 만든다.

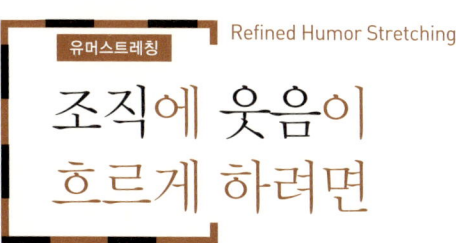

Refined Humor Stretching

유머스트레칭

조직에 웃음이 흐르게 하려면

● 웃음의 전염성을 이용해라

스탠포드대학에서 웃음과 건강을 연구한 윌리엄 프라이 교수에 의하면 "웃음은 그것이 무엇을 담고 있든, 전염되고 감염된다."라고 했다. 어린아이의 웃는 표정을 보면서 화를 낼 사람은 없다. 정상적인 사람이라면 그 아이 웃음에 미소로 화답을 보내지 않을 사람은 없다. 설사 감방에 갇혀 있는 죄수의 웃음이든, 죽음을 앞둔 암환자의 웃음이든, 말이 통하지 않는 이방인의 웃음이든 웃음은 강력한 커뮤니케이션이며 낯선 사람을 하나로 묶는 놀라운 힘이 있다.

왜일까? 웃음은 저절로 무한 복제되고 감염되는 특성이 있기 때문이다.

웃음의 어원은?
◈ "돈이다, 웃으면 돈이 굴러 오니까." – 사업가
◈ "음식이다, 웃는 놈이 맛있으니까." – 식인종

- "사랑이다." – 연인들
- "수능점수다, 웃을수록 기억이 나니까." – 고3 학생들
- "품질이다." – 미스코리아
- "위장이다, 거짓을 숨길 수 있으니까." – 정치인
- "상품이다." – 유머 강사
- "약이다." – 웃음치료사
- "희망이다." – 실직자
- "마약이다, 사람을 취하게 하니까." – 어느 시민
- "전략이다." – 제비족
- "천사다." – 유치원 교사
- "붕어빵이다, 내 붕어빵이 웃는 날은 운이 좋으니까." – 붕어빵장사
- "유혹이다." – 노처녀
- "용서다." – 부처

그렇다면, 어떻게 웃음을 조직에 흐르게 할 것인가?

- 유머 넘치는 직원부터 채용해라.
- 유머리더십 교육을 해라.
- 조직에 보이지 않는 갈등의 씨앗을 없애라.
- 팀별로 웃음지수를 측정하여 관리해라.
- 유머데이를 정하여 직원들의 참여를 유도해라.
- 조직문화를 부드럽게 만드는 유머 아이디어 상을 제정해라.

아마 직업별로 혹은 하는 일의 성역에 따라 웃음이 의미하는 바가 다른 것은 그만큼 자신의 현실을 잘 대변하거니와 경우에 따라서는 희구의 대상이 될 수도 있다.

유머리스트가 되고 싶고 멋진 리더(팀장)로 성공하고 싶으면 주변에 웃음의 씨앗을 퍼트려라. 그리고 직원들에게 웃음을 가르치고 유머가 있는 직원으로 만들어라.
그들의 웃음은 분명히 당신을 감염시키고 유머가 가득한 존재로 만들어 나갈 것이다. 직원이 웃어야 고객이 웃는다. 그러기 위해서는 직원들에게 유머감각을 심어 주어야 한다. 하하하하!

Refined Humor Stretching

비즈니스 유머로 승리를 거둬라

● 모든 직장인에게 가장 필요한 기술은 유머다

캔블랜차드는 "첫 사랑을 대하듯 사람을 대해라."라고 말했다. 인간관계의 중요성을 바로 나타내 주는 말이다. 또한, 코칭전문가인 스티븐 스토웰은 "누구나 다른 사람과의 관계를 통해서만 잠자고 있는 자신의 위대한 깨울 수 있다."라고 일러 준다. 제아무리 능력이 뛰어나도 독불장군은 있을 수 없다는 말이다. 그리고 그는 "성공의 중요한 문제는 당신이 무엇을 아느냐의 문제가 아니라 누구를 아느냐에 달렸다. 한마디로 좋은 말을 제대로 골라 타야 한다."라며 사람관계의 중요성을 강조하고 또 강조하였다. 이 말은 곧 주변 사람과 조화로운 관계를 얼마나 잘 맺어 나가느냐가 성공과 행복의 관건이라는 것이다.

전설적인 자동차업계의 대부 격인 리 아이아코가도 "성공은 당신이 아는 지식 덕분이 아니라, 당신이 아는 사람들과 그들에게 비치는 당신의 이미지를 통해 찾아온다."라고 말한다. 그렇지만, 이러한 인간관계의 중요성을 모르는 사람은 거의 없다. 그런데 항상 자기중심적인 생활 방식이 문제가 된다.

남을 배려하는 여유 있는 마음의 자세, 이것은 나의 마음을 여는 '유머의 태도'에서부터 재출발할 수 있다. 나의 웃음소리를 듣지 못하면서 남의 웃음소리를 기대할 수 없듯이, 타인을 즐겁게 하고 따뜻한 관계를 유지하기 위해서는 서로 간의 웃음을 교환할 수 있는 토양이 조성되어야 한다.

세계적인 동기 부여가인 지그지글러 박사도 "성공한 사람의 85%는 사람을 얼마나 잘 이해하고 관계를 만들어 가는 지와 관계를 맺는 기술에 의존한다."라고 말하지 않았던가. 베리 파버 또한 그 중요성을 강조하고 있는데 "당신이 관계를 맺는 사람들 하나하나가 결국에는 당신이 목적에 도달할 수 있도록 이끌어 줄 긴 사슬의 연결고리다."라고 말했다.

한국인들이 가장 잘 즐길 수 있는 것이 고스톱 놀이가 아닌가 싶다. 자칫하면 도박으로 번질 수도 있지만 분수만 지킨다면 재미있는 오락으로 받아들일 수도 있다. 그런데 고스톱을 치다 보면 다양한 규칙 때문에 골탕을 먹는 경우가 있다.

그래서 단지 고스톱으로 끝나는 것이 아니라 고스톱의 원칙을 비즈니스에 활용해 보면 영업일선에도 시사하는 바가 많다. 비즈니스나 고스톱 모두가 상대와의 게임이라는 것이 동일하기 때문이다. 고스톱의 비즈니스 원칙을 재미있게 응용해 보면 다음과 같다.

낙장 불입의 원칙	비풍초똥팔삼	밤일 낮장
• 순간의 실수는 엄청난 손실을 가져온다. • 먹는 일에만 신경 쓰다 보면 눈이 먼다. • 내 패만 보지 말고 상대 패를 읽어라. • 말 한마디가 돌이킬 수 없는 손해를 낳는다.	• 모든 일에는 순서가 있다. • 이익을 보지 않고 사람을 먼저 보라. • 우선 들어라. 그리고 말하라. • 상대에게 우선 이익을 챙겨 주어라. • 하찮은 일에 신경 쓰지 마라.	• 모든 것은 때가 있다. • 유머는 타이밍이 생명이다. • 상황에 맞게 처신해라. • 낮에는 밤말하지 말고 밤에는 낮말하지 마라.
광	고	피박
• 믿음직한 힘을 가져라. • 전문성이 살길이다. • 핵심역량을 가져라. • 꾸준히 기술을 개발해라.	• 일단 득이 되면 밀어붙여라. • 단순거래가 아닌 평생관계를 구축해라. • 먹을 때는 확실히 쓰리고까지 가라. • 자신 있게 고해라.	• 기본부터 챙겨라. • 사소한 껍데기를 우습게 보지 마라. • 변방이 무너지면 이미 진 게임이다. • 상대가 3점만 나도록 방해해라.
스톱	폭탄	통 치기
• 상황판단을 잘해라. • 3점도 돈이다. • 과욕은 금물이다. • 일단 선을 계속 잡아라.	• 한 방에 끝내라. • 사소한 것은 그냥 주어라. • 표정관리를 잘해라. • 투하 시점을 잘 계산해라.	• 일단 상대에게 맡겨 보라. • 시장의 흐름을 잘 파악해라. • 상대의 기를 역 이용해라. • 상대에게 무거운 짐을 안겨 주어라.
고도리	바가지 쓰기	선 잡기
• 핵심 상품에만 주력해라. • 단기간에 효과를 보라. • 일단 패가 확실해야 한다. • 빨리 먹고 다음 기회를 노려라.	• 죽 써서 개 주지 마라. • 울분을 참아라. • 재기를 노려라. • 상대의 들뜬 기분을 역이용해라.	• 우선 주도권을 잡아라. • 내 기분대로 판을 이끌어라.

지난여름 복날에 영양탕 집을 방문한 적이 있었다. 손님이 북적거리는 것을 보니 꽤나 장사가 잘되는 듯싶었다. 여직원이 웃으며 나타나 주문을 받고 있었다.
"혹시 개고기 안 드시는 분 계세요."

친구 중 두 명이 손을 들었다. 이때 여직원 하는 말.
"그럼, 나머진 다 개죠?"

처음 간 식당이지만 유머 있게 말하는 여직원 앞에서 웃음을 참을 수가 없었다. 한참 웃다 보니 마치 10년간은 단골로 다니는 식당처럼 친근감을 느낄 수 있었다.

어느 치과에 시도 때도 없이 방귀 뀌는 아름다운 여성이 찾아왔다.
"아하고 입을 벌려 보세요." 하고 말하는 순간 그 여성은 그만 뽕하고 방귀를 뀌고 말았다. 얼굴을 붉히며 어쩔 줄 몰라 하던 그녀는 변명을 늘어놓았다.
"저는 1년에 딱 한 번밖에 안 뀌는데 하필 오늘……."

의사는 괜찮다며 다시 입을 벌리고 진찰을 하는데 이번에는 그녀가 연속으로 방귀를 세 번이나 뀌었다. 이때 의사가 깜짝 놀라며 하는 말,
"참 세월 빠르군요. 벌써 3년이나 흘렀어요."

이 의사야말로 유머를 제대로 활용할 줄 아는 사람이다. 유머비즈니스의 감각이 살아 있는 사람이다. 환자를 무안하게 하지 않으며 할 말을 다하는 여유, 이것이야말로 뛰어난 유머감각이다.

이제는 비즈니스 유머로 고객을 관리하고 자신을 컨트롤할 수 있는 서비스 기법을 터득해 나가야 한다. 비즈니스 유머는 고객과의 관계를 돈독히 할 뿐 아니라 직원 상호 간의 벽을 허물고 스스로 즐기면서 일하는 서비스 문화를 만들어 가는 데 기여한다.

이제는 유머가 돈이고 경쟁력이다.

선진국에서는 이미 유머경영이 큰 바람을 불러일으킨 바 있다. 물론 우리나라도 예외는 아니었다. 하지만, 이를 지속적으로 실현해 나가는 기업은 손으로 꼽을 만큼 드문 것도 현실이다.

유머경영이란 직원들이 유머 훈련을 받게 함으로써 직장 내 분위기를 활성화하고 생산성을 높여 나가는 경영기법을 말한다. 일례로 뱅크 오브 아메리카의 경우는 입사시험 때 유머 테스트를 한다. 면접관을 웃겨 보라고 하거나 최근에 남을 웃겨 본 경험이 있는가를 물어 점수에 반영한다는 것이다.

"웃어라! 웃겨라! 그러면 생산성이 높아진다. 그리고 유머 바이러스를 퍼트려라."

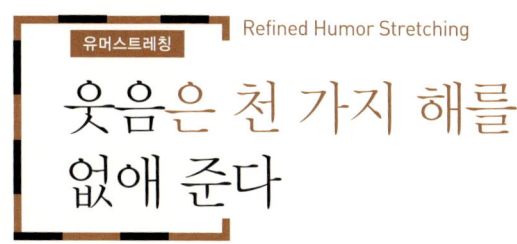

● 유머감각은 인간설득의 가장 중요한 무기다

웃는 사람은 그만큼 인정받고 성공의 길을 보다 빨리 열 수 있다. 사람들은 웃는 사람 주변으로 몰려들기 때문이다. 무심코 별 뜻 없이 웃는 웃음 속에는 다음과 같은 엄청난 효과가 숨어 있다. 이제 그 웃음의 가치를 전략으로, 비전으로 삼아 보기 바란다.

첫째, 웃음은 생산성을 향상시키고 팀워크를 이루게 하며 고객만족을 이끌어 낸다. 또한, 재미있는 일터로 환경을 바꾸어 일을 즐겁게 하고 활기찬 직장 분위기를 만들어 나갈 수 있다. 노사카 레이코는 '웃음은 최고의 전략'이라고 말했다. 유머학자인 밥 로스는 "유머감각을 갖는 데는 돈이 들지 않지만, 유머감각을 갖지 못하면 큰 비용을 초래할 수 있다."라고 했다.

둘째, 의학적인 측면에서는 실증적인 연구를 통하여 웃음의 효과

가 나타나고 있다. 웃음이 많은 사람은 심장이 튼튼하다거나, 웃음을 두고 '내적인 조깅'이라고 하는 말은 웃음이 인체에 미치는 영향을 잘 대변해 주고 있다. 그뿐만 아니라 웃을 때는 인터페론 감마(Interferon Gamma)라는 항체를 분비시켜 면역력을 높여 주는 것으로 나타나고 있다.

리버트 박사는 웃음과 건강이라는 주제를 갖고 20여 년간 연구를 했는데 웃는 사람의 피를 뽑아 분석한 결과 암세포를 죽이는 킬러세포가 생성된다는 결과를 발표하기도 했다. 그리고 웃는 사람은 실제로 웃지 않는 사람에 비하여 더 오래 산다는 임상결과도 나와 있다. 하지만, 이렇듯 건강이라는 것이 사실은 웃음의 양에 달렸다는 것을 제대로 아는 사람은 그리 많지 않다. 또한, 당신이 웃고 있는 한 위궤양은 절대 악화하지 않는다고 웃음의 중요성을 역설한 사람도 있다.

옛날 궁궐에는 웃음 내시가 있었다고 한다. 이는 웃음이 임금님의 건강을 치료했다는 증거가 아니겠는가.

셋째, 웃음은 어느 정도로 친절한가를 보여 주는 척도가 된다. 웃음이 경쟁력이라는 말은 국제화 시대에 웃음전략의 중요성을 대변하는 말이다. 따뜻한 미소는 친절을 뜻하는 만국의 공통언어인 것이다.

이제 웃음은 전략이어야 한다. 웃음이 없는 사람은 그만큼 닫혀 있다. 나를 열어 주고 그 안에 숨겨진 무한한 가치를 쏟아낼 수 있게 하는 것은 지금 당장 내 안에 숨겨진 웃음을 찾는 일에서부터 시작해야 한다.

넷째, 일상생활에서 웃음은 엔도르핀(Endorphin)**을 분비하여 대인관계를 부드럽게 하고, 긍정적인 사고를 통하여 삶을 즐겁고 신나게 하는 효과가 있다.** 이 분야의 연구자들에 의하면 자연스런 웃음이든 억지웃음이든 인체에 미치는 효과는 똑같다고 한다. 이제는 웃음이 경쟁력이다. 웃음을 통한 자기 변화와 리더십의 역량을 높여 나가야 한다.

웃음이 전략이라면 그 전략을 잘 챙기는 방법을 알아야 한다. 웃는 데도 방법이 있어야 한다는 것이다. 웃음에도 등급이 있다는 말을 기억해라.

직원의 기를 끌어올리는 유머성공전략

Refined Humor Stretching

● 성공한 사람의 공통점 중 하나는 유머다

오늘 아침에 집을 나서면서 어떠한 생각을 했는가? 그리고 무엇 때문에 나왔는가? 잠시 아침 출근시간으로 되돌아가 생각해 보라.

"그냥 나왔어요."
"늦으면 어떡하나 생각했죠."
"창립기념일 선물은 무엇일까 궁금했어요."
"뭐, 좋은 일거리는 없을까 고민했죠."

등을 비롯해 다양한 대답을 할 것이다. 모두 다 좋다. 그런데 스 땅달은 다음과 같은 말을 했다. "사람은 누구나 집을 나설 때 행복을 찾아 나선다."라고 했다.

어떠한 생각을 하며 나왔든 궁극적으로는 행복을 찾아 나왔다는 것이다. 그럼, 그 행복의 표현은 무엇이라고 생각하는가? 나는 그것이 바로 '얼굴 표정'이라고 생각한다.

요즘 어디를 둘러봐도 웃을 일이 없다. 모두가 다 힘들고, 미래가 점점 불안하게 다가온다고들 하소연하는 사람들은 점점 더 많아져 그야말로 큰일이 아닐 수 없다.

게다가 근속연수가 점점 짧아지면서 그 불안은 더욱더 커지고 있다. 그렇지만, 우리에게 필요한 것은 '기적'이 아니라 바로 '웃음'이라는 사실을 기억해야 한다. 우리는 웃는 만큼만 성숙해질 수 있으며 웃는 만큼 자유로울 수 있다.

천상병 시인은 인생살이를 소풍에 비유했다. 그 시인 말대로라면 우리는 모두 즐거운 소풍을 나온 것이다. 그런데 소풍이 무엇인가. 재미있고 유익하고 웃음이 넘쳐서 다음에 또 오고 싶은 충동을 느껴야 하지 않겠는가. 나는 소풍갈 때마다 기대되는 것이 있었다. 바로 보물찾기다. 설사 보물을 찾지 못했다 하더라도 뛰는 가슴을 앉고 숲 속을 뒤지는 마음은 얼마나 아름다운가?

그렇다면, 여러분 인생에서 가장 멋진 보물은 무엇인가? 우리는 그것을 찾기 위해 모두 이 세상에 나왔다. 혹은 그것을 찾다가 실패한 사람들일 수도 있다. 여러분이 궁극적으로 찾는 보물은 무엇인가?

나는 그동안 기업문화를 연구하고 선진국의 유명한 기업들의 유머경영기법을 연구하면서 터득한 그 보물이야기를 여러분과 함께 나누고자 한다. 한때 이 보물이 나를 사지에서 구해 주었는데 그것처럼 분명히 여러분도 그 보물이 주는 가치를 누릴 수 있기를 바란다. 아니 그렇게 확신한다.

여러분이 어떤 업무를 보든 이제는 '유머가 가져다주는 웃음'이 여러분의 성공과 팀원들 간의 행복과 성과를 창출하는데 최고의 전략이라고 확신해 보라. 그런 마음가짐만으로도 개인의 삶이나 가정, 팀, 조직에 큰 변화가 오리라 확신한다.

그 보물 이야기는 다음과 같다.

첫 번째는 비즈니스가 즐겁고 매출액을 높이기 위해서, 혹은 직장 생활에서 멋을 느끼기 위해서는 무엇보다도 팀장부터 웃을 수 있어야 한다. 그래야, 팀원들이 저절로 웃으며 에너지를 발산하게 될 것이다. 이보다 더 좋은 교육이나 훈련은 없다.

일하기 좋은 일터, 신나는 일꾼을 만들기 위해서는 그 부서의 팀장부터 달라져야 하기 때문이다. 그러기 위해서는 직원을 감싸고 정서적으로 대할 수 있는 마음의 여유가 필요하다.

나는 식당 갈 때마다 제일 먼저 보는 것이 있다. 이것만 보면 나머지는 전부 이 안에 들어 있다. 여러분은 무엇을 제일 먼저 보는가? 무엇이라, 메뉴라고?

나는 사장님의 얼굴을 본다. 사람의 모든 것은 얼굴에 다 있기 때문이다. 그렇다면, 식당의 모든 것은 어디에 있을까? 당연히 사장의 얼굴에 있다. 그런 면에서 우리의 얼굴은 간판이라고 볼 수 있다.

사장이 웃어야 직원들이 행복하고, 직원들이 기분 좋아야 밖에서 오는 고객을 즐겁게 할 수 있기 때문이다.

이런 면에서 얼굴을 한마디로 말한다면 무엇이라고 할 수 있을까?

"간판이다."

맞다. 바로 간판이다. 우리는 오늘 모두 간판을 바꾸어야 한다. 내가 확실하게 여러분의 어두운 간판을 바꾸어 줄 것이다.

한 회사에서 회의시간에 경쟁사와의 시장 주도권을 놓고 살벌한 정도의 토론이 이루어지고 있었다. 갑자기 한 직원의 휴대전화기에서 노래방 분위기를 연상케 하는 야한 벨이 울렸다. 모두 숨을 죽이고, 회의실은 찬물을 끼어 얹은 듯 굳어 있었다.

이 직원은 초죽음 상태로 주위 눈치만 보고 있는데, 갑자기 회의를 주재하던 팀장이 한마디 던졌다.

"이봐 김 과장, 어서 받아 보게 그분 생각도 나와 똑같을 게야."

순간 주위 분위기는 살얼음 녹듯 웃음바다로 바뀌었다. 재치 있는 팀장의 유머 한마디가 모두를 구하고, 즐거운 분위기 속에서 회의를 마칠 수 있게 한 것이다.

만약 팀장의 유머가 없었다면 이 심각한 회의는 어떻게 됐을까?

상상만 해도 무거운 분위기에 답답함이 엄습해 올 것이다.

웃음을 만들어 내는 팀장이 직원으로부터 존경 받고 창의적인 일터를 만들어 준다는 것을 보여준 사례다. 물론 그 밑에서 일하는 직원의 생산성이 향상됨은 당연한 결과일 것이다.

두 번째는 웃음을 판매하는 리더 상을 가져야 한다는 것이다. 스스로 즐거운 일터를 만들어 가려는 의지가 있어야 한다. 그러기 위해서는 아침부터 웃을 수 있는 마음가짐과 유머가 깃든 사고가 필요하다.

내일부터 아침에 집을 나설 때 웃는 연습을 하자. 매일 아침 1분 정도 웃음 스트레칭을 해보라. 어떤 분은 아침에 거울 보고 웃는 연습 하다가 거울 속의 제 얼굴을 보고 기절했다고 한다. 왜 기절했을까? 너무 예뻐서? 아니면 너무 잘생겨서? 둘 다 아니다.

평소에 웃어 보질 않아서 오랜만에 웃는 제 얼굴을 보니 어디에서 많이 보긴 봤는데 누군지 기억이 나질 않았다고 한다. 웃음이 없는 사람은 얼굴을 달고 다니는 사람에 지나지 않는다. 이 얼마나 큰 고역인가? 평생 자신의 얼굴을 지고 다닐 것인가, 웃음으로 행복한 인생을 노래할 것인가. 선택은 당신의 몫이다.

웃는 일터를 만들어 나가는 것이 비즈니스에서 성공하는 길이며 모두가 이기는 게임을 하는 것이라는데 이견을 달 사람은 없을 것이다. 웃음은 상호 간의 벽을 허물고 일 자체를 오락으로 만들어 나가는 출발점이 되기 때문이다. 일 자체가 놀이는 될 수 없지만 오락처럼 즐거운 마음으로 해 나갈 수는 있다.

  어렵고 힘들 때일수록 서로 이해하고 감싸며 웃음을 선사하는 전략이 필요하다. 직원의 웃음소리 정도는 얼마나 행복하게 일하느냐와 연관되어 있으며 이는 품질과 생산성 향상과 직결된다고 볼 수 있으니까.

세 번째는 가정에서부터 웃을 수 있어야 한다. 웃음은 가족 간의 팀워크를 이루게 하고 원활한 대화를 통하여 행복한 모습을 이웃에게 전해 준다. 그래서 나는 매일 식탁에서 재미있는 유머를 나누기 위해 노력한다. 웃음은 사랑이니까. 웃음은 전염되니까. 내가 웃으면 나 혼자만의 웃음으로 끝나는 것이 아니라 집안 식구 모두가 저절로 따라 웃게 된다.

  그것이 힘이 되고 건강을 지켜 준다고 믿어 보라. 시간이 지나면 웃음의 가치를 스스로 발견하고 웃게 되는 날이 올 것이다. 아빠가 웃으면 아이들은 그냥 이유 없이 즐거우니까.

  어느 가정이든 아빠의 웃음은 집안 분위기에 절대적인 영향을 주게 된다. 웃는 얼굴에 침 뱉지 못한다는 말은 웃음의 강한 전파력과 그 안에 동질화되어 가는 것이 얼마나 큰가를 보여 주는 직접적인 증거가 된다고 말할 수 있다.

Refined Humor Stretching

최고의 직장을 만드는
최상의 기법은

● 유머는 효율적인 업무능력을 가능하게 하는 시스템이다

유머가 주는 웃음은 직장에서도 효율적인 업무능력을 가져다준다는 사실 자체를 누구나 인지할 것이다. 직장에서 유머가 넘친다면 다음과 같은 팀을 만들어 줄 것이다.

첫째, 하이파이브(Hive-five)팀을 만들어 준다. 팀이 존재하기에 팀장이 존재한다. 추종자가 없는 한 팀장이라는 리더는 존재할 수 없다. 그렇다면, 언제나 하이파이브를 외치며 신나는 일터를 어떻게 만들어 나갈 수 있을까?

이것은 팀장의 과제이며 한계이기도 하다. 팀원과 호흡하고 그들의 개인적인 성과를 인정해 주며 두각을 나타낼 수 있는 팀을 만들고 싶은 욕망은 어느 팀장이나 갖고 있는 욕망이며 비전이다.

하지만, 왜 많은 팀장이 실패를 거듭하고 심지어 후배에게 쫓기다시피 자리를 내주고 나가야 하는가?

우선 팀이 하나가 되기 위해서는 명확한 목표가 제시되어야 한다. 그것이 싸움이든 사랑이든 팀원이 뭉칠 수 있는 유일한 길은 공동의 목표를 갖고 함께 고민하고 뒹굴 수 있을 때 가능하다. 그리고 구성원 모두가 승리자가 될 수 있도록 하여 소속감을 갖게 해야 한다. 소속감이 팀원 간의 유대를 강화하고 팀 프로젝트를 가능하게 하며 성과를 창출해 나가는 밑거름이 된다. 그리고 팀장은 그들이 최선의 결과를 만들어 낼 수 있도록 유형, 무형의 지원을 아끼지 말아야 한다.

둘째, 독특한(Unique) 기업문화를 만들어 준다. 아침에 출근하고 싶어 밥을 제대로 다 먹지 못하는 직장을 만들고 싶은가? 돈보다는 웃음과 행복이 넘치는 일터를 꿈꾸는가? 아니면, 단지 돈 벌기 위해 무거운 발걸음을 옮겨야 하는 그런 직장으로 전락할 것인가?

이제는 직원들의 정서적인 욕구를 충족시킬 수 있는 일터, 문화적인 욕구를 만들어 나갈 수 있는 독특한 기업문화를 만들어 나가는 것이 직원들의 충성도를 높이고 좋은 기업을 넘어 훌륭한 일터를 만들어 나가는 길이다. 놀랍게도 직원들이 꿈꾸는 일 하고 싶은 일터는 돈이나 승진이 보장된 곳이 아니라 그들의 끼와 잠재능력을 발휘하고 인생의 참된 가치를 깨달을 수 있는 그런 직장을 말한다.

독특하다는 말은 차별화가 이루어졌다는 말이다. 21세기 복잡한 사회구조에서는 독특한 개인, 독특한 기업만이 생존할 수 있다.

바람직한 기업문화 10가지 *Tip*

◈ 신뢰한다.

◈ 재미를 나눈다.

◈ 서열을 뛰어넘는 커뮤니케이션 문화를 구축한다.

◈ 펀(fun) 리더를 양성한다.

◈ 자부심을 갖는다.

◈ 서로 존중한다.

◈ 비전을 서로 나누어 갖는다.

◈ 일을 놀이처럼 즐긴다.

◈ 감사하는 문화를 만든다.

◈ 실수문화를 권장한다.

셋째, 사기(Moral)가 넘치는 직원을 만들어 준다. 직원들이 일터에서 웃는다는 것은 어떠한 경영기법으로도 측정할 수 없는 성과물이다. 궁극적으로는 다 웃자고 하는 일이다. 앞에서 말했지만 웃는 것만으로도 문제는 이미 해결된 것이라고 볼 수도 있다.

아무리 학력이 뛰어나고 놀라운 기술이 있다 하더라도 그 직원에게 사기와 열정이 없다면 그 잠재능력을 발휘하지는 못할 것이다.

유능한 팀장은 팀원들에게 웃음과 열정을 안겨 줄 수 있는 엔터테이너가 되어야 한다. 팀장이 웃는다는 것만으로도 팀원들에게는 사기가 오르고 의욕이 넘쳐흐른다. 이것이 웃음의 효과다.

한 연구에 의하면 혼자 웃는 것보다는 팀원들이 어울려서 함께 웃으면 그 효과는 놀랍게도 10배에서 30배에 이른다고 한다. 사기가 넘치는 직원, 사기에 들떠 있는 조직이 생존력을 높이고 누구나 꿈꾸는 기업이다.

부하직원 코칭기법 *Tip*

◈ 스스로 문제를 해결할 수 있게 유도한다.

◈ 적극적으로 경청한다.

◈ 창의적인 질문을 한다.

◈ 변화를 자극한다.

◈ 비전을 공유한다.

◈ 실수에서 배우게 한다.

◈ 목표를 명확하게 한다.

◈ 사소한 일에도 칭찬한다.

◈ 동기를 부여한다.

◈ 신뢰관계를 형성한다.

넷째, 열려 있는(Open) 기업을 만들어 준다. 경직된 조직은 직원들에게 기회를 제공하기보다는 숨통을 죄어 온다. 자유로운 의사표현이 가능하고 자발적인 참여를 유도할 수 있는 열려 있는 팀장의 리더십이야말로 직원들의 끼를 발휘하게 하는 동기를 부여하는 것이다.

비밀이 존재하지 않고 누구나 회사의 문제를 토론할 수 있으며 내가 아닌 우리가 존재하는 일터, 그것이 신뢰할 수 있는 기업을 만들어 나가는 팀장의 기술이다. 차별성이 존재하지 않고 학연이나 지연의 고리를 끊고 누구에게나 언제나 열려 있는 공정한 게임을 보장하는 조직에서 구성원들은 헌신을 다할 것이다.

다섯째, 기분이 좋은(Relaxation) 일터를 만들어 나간다. 갈등과 스트레스는 어느 조직이나 안고 있는 숙제다. 하지만, 그것이 구성원들의 잠재능력을 갉아먹는 해충이라는 사실을 알고 대처하는 경우는 많지 않다.

최근 발표된 한국인의 암 보고서에 의하면 환자들이 털어놓은 암의 원인은 첫 번째가 스트레스였다. 그리고 암 수술을 받고 10년 이상 무사하게 생존한 사람들은 그 비결이 웃으면서 여유 있는 마음으로 살아가는 것이라고 답변했다.

이 같은 원리는 조직에도 그대로 적용된다. 스트레스나 갈등은 조직을 좀 먹는 암세포와 같은 것이다. 유연하고 갈등이나 스트레스가 존재하지 않은 일터를 만들어 나가는 것이 팀장의 역할이며 그 답이 유머 있는 기업을 만들어 나가는 것이다.

Refined Humor Stretching

회사가 유머기업으로
거듭나기 위해 필요한 5가지

● 유머망치를 들어올려라

　깨면 보인다. 깨는 것은 아프지 않다. 그래서 깨는 것은 아름답다. 우리가 찾는 웃음은 저절로 나오질 않는다. 그것은 우리 마음속 깊은 곳에 꼭꼭 숨어 있어 깨고 부수지 않으면 찾을 수가 없다. 그래서 깨는 것이 창조하는 것(Breaking is Making)이라고 하지 않는가?

　훌륭한 팀이 되고 웃음과 유머가 넘치는 조직으로 거듭나기 위해서는 우선 깨는 연습부터 해야 한다. 아무리 빛나는 금맥이 있어도 깨고 헐지 않으면 소용이 없듯이 조직의 혁신이나 비전은 구호만으로는 절대 불가능하다.

　당신 조직이 유머기업으로 거듭나기 위해서는 우선 다음과 같은 것들을 부수고 깨야 한다.

　첫째, 얼굴을 깨라. 얼굴을 깨면 세상과 통한다. 옆자리의 동료와 통하고 다른 팀과 통한다. 그러나 굳어 있는 얼굴은 사람을 쫓아내고 독선적으로 만들고 '나 홀로'주의 문화를 만든다.

이미 앞에서 '얼굴은 그 사람의 모든 것'이라고 말한 바 있다. 그렇다면, 얼굴은 우리에게 무엇인가? 바로 간판이지 않는가? 우리는 간판을 보고 가게를 평가한다. 그리고 구매의사를 갖는다.

팀장의 간판이 죽상이라면 그 팀은 끝난 것이다. 얼굴을 깨는 것은 자주 웃는 연습을 하는 것이다. 사소한 일일지라도 누군가가 웃으면 그 웃음의 효과는 팀 전체로 뻗어 나가고 조직문화를 바꾸는 힘이 될 것이다.

특히 아침의 1분 웃음이 하루의 운명을 바꾼다는 것을 명심해라. 우선 자신을 향해 웃어 보라. 그리고 가족을 향해, 팀원을 향해 웃어라 그러면 운명이 바뀔 것이다. 그리고 당장 소리쳐라. "타고난 운명은 어쩔 수 없다. 그러나 얼굴은 바꿀 수 있다."

이제 유머방망이를 들어라. 그리고 팀원들의 얼굴을 마구 두들겨라. 웃음의 핏덩이가 쏟아질 때까지. 하하하!

둘째, 언어를 깨라. 따뜻한 얼굴에 거친 언어를 상상해 보았는가? 따뜻한 얼굴에는 따뜻한 언어가 궁합을 맞춰 준다.

재미있는 직장, 웃음이 넘치는 조직문화를 만드는 일은 감성적인 언어를 사용하는 데서부터 출발해야 한다. 팀장의 권위를 높이고 팀원들의 사기를 이끌어 내는 일에는 긍정적인 언어, 힘찬 언어, 비전 있는 언어, 열정적인 언어, 자신감을 줄 수 있는 언어, 칭찬하는 언어를 골라 쓰는 지혜가 필요하다.

"새치의 혀가 백만대군보다 강하다."라는 말은 곧 언어가 조직에 미치는 힘을 말하는 것이다. 가능한 한 간단하고 재미있게 핵심적인 내용을 전달하는 습관이 필요하다. 그래야, 팀원들과 친화력이 생기고 시너지를 발휘해 나갈 수 있다.

일단 말부터 깨라. 그러면 세상이 당신을 대하는 태도를 바꿀 것이다.

어느 부부가 어머니를 모시고 오랜만에 외식을 했다. 남편은 오랜만에 술을 마시고 운전을 했다. 한참 달리는데 교통경찰이 다가왔다.

"과속입니다. 면허증 좀 봅시다."

이때 남편이 말했다.
"한 번만 봐주세요. 술 한 잔 했더니 정신없이 달려서 그만……."
"그럼 과속에 음주운전 추가합니다."

그 순간 아내가 끼어들었다.
"제 남편이 무면허라 겁나서 술 먹고 운전한 거예요. 봐 주세요."
"그럼 과속에 음주에 무면허를 추가합니다."

이때 갑자기 뒷자리에 앉아있던 어머니가 화내며 소리 질렀다.
"봐라, 훔친 차는 오래 못 간다고 했잖니!"
…
…

언어를 깨지 못하면 팀이 무너지고 이 꼴이 되고 만다. 당신 팀은 안전한가. 팀원들의 거친 말투, 배려 없는 말투, 유머가 없는 말투를 당장 부수어라. 유머 방망이로 마구 두들겨라. 하하하!

셋째, 사고를 깨라. 분명한 것은 사고를 치지 말고 사고를 깨라는 것이다. 그런데 많은 팀장이 본의 아니게 사고를 친다. 그래서 팀이 깨지고 조직문화가 무너지고 별 볼일 없는 팀으로 전락하는 경우를 종종 본다.

그런데 더욱 놀라운 것은 팀원들이 사고 쳤다고 우긴다는 것이다. 이거야말로 웃기는 사고가 아닌가?

이제는 발상의 전환, 역발상의 사고가 필요하다. 그저 주어진 일이나 열심히 하는 것이 성실한 팀장이 아니라는 것을 명심해라. 사고의 틀을 깨야 먹고살 수 있다는 것을 기억해라.

굶주린 고양이가 쥐를 쫓고 있었다. 간신히 쥐구멍으로 피신한 쥐는 고양이가 사라지기를 기다렸다. 그런데 갑자기 멍멍하는 소리가 들렸다. 그래서 쥐는 안심하고 밖으로 나왔다. 그 순간 고양이는 쥐를 낚아챘다.

"야, 이 비열한 고양이! 어떻게 네가 개소리를 낼 수 있니?"

"이런 세계화 시대에 먹고살려면 한 가지 외국어는 확실히 해야 해!"

당신은 어떤 고양이인가, 언제나 야옹야옹하는 소리만 내는 고양이인가? 아니면 먹고살기 위해서는 때로는 외국어를 구사할 줄 아는 고양이인가? 팀장으로 존경 받고 싶은가? 그렇다면, 당장 사고는 치지 말고 사고를 깨라. 하하하!

넷째, 마음을 깨라. 소중한 것은 눈으로는 볼 수 없다. 그렇다면, 어떻게 볼 수 있을까? 바로 마음이다. 그러기 위해서는 마음을 두들겨 깨야 한다.

얼굴을 깨면 세상과 통하지만 마음을 깨면 하늘과도 통한다. 그런데 동료와 팀원과 통하지 못할 일이 어디에 있는가? 우리가 찾는 진정한 웃음은 바로 마음속에 있다는 것을 명심해라.

이제는 마음경영시대다. 팀원의 마음을 사로잡지 못하면 성공하지 못한다. 고객의 마음을 사로잡지 못하면 돈을 벌 수 없다. 그래서 더욱더 부드러워야 하고 감성적인 터치가 더 중요해지고 있다.

팀장이 마음이 부드러우면 팀원들의 볼에 봄기운의 향기를 몰고 온다. 그러나 팀원이 냉장고처럼 굳어 있으면 팀원들의 얼굴에는 고드름이 언다.

바로 이것이 팀장, 당신의 마음이요, 역할이다. 여전히 굳어 있을 것이다. 지금 당장 자신을 깰 것인가? 하하하!

다섯째, 거리를 깨라. 밖에 나가 보도블록을 깨지 말고 팀원들과의 거리를 깨라. 통하려면 거리가 가까워야 하고 벽이 없어야 한다. 타인과의 관계가 좋아야만 좋은 팀을 만들 수 있다.

대부분의 조직이 생산성을 높이지 못하는 이유는 팀원들의 능력이 부족해서가 아니라 조직 내에 보이지 않는 갈등과 두꺼운 벽 때문이다.

팀장은 늘 망치를 쥐고 출근해라. 언제든지 벽이 눈에 띄면 그 자리에서 부수어라. 너와 나의 거리를 좁히는 것은 우리라는 팀을 만드는 것이다. 하지만, 쇠망치가 아니라 이제는 유머 망치를 들어라. 그것은 상처 주지 않으며 맞는 사람마다 웃음으로 보답할 것이다. 팀장이여! 이제 그 유머 망치를 두들겨라. 하하하!

Refined Humor Stretching

재미있는 일터로 변화시키는 10가지 웃음기법

● 웃는다는 것은 습관의 문제다

    그럼, 지금부터 여러분의 인생을 변화시키고 일터를 놀이터 수준으로 재미있게 바꾸어 놓을 수 있는 웃음기법에 대해 살펴보자. 여기에서는 일반적인 '유머'에 대해서는 가능한 한 자제했다. 단순히 웃기기 위한 상황별 유머보다는 자신에게 맞는 유머개발과 생활습관화에 더 초점을 맞춘 웃음기법을 다루었다. 자, 그럼 살펴보도록 하자.

    하나, 재미를 찾아보라. 유머는 재미난 상황 속에 자신을 몰아넣고 웃음 지을 수 있는 여유를 갖는 데서 발생한다. 과거의 재미있었던 일을 기억하고 웃어 보는 것도 좋은 습관이 될 수 있다.
    그러기 위해서는 늘 긍정적인 생각을 해야 한다. 부정적인 마음을 먹는다면 웃기는커녕 남의 웃음소리도 그는 듣지 못할 것이다. 우리의 웃음은 긍정적일 때 서서히 얼굴을 선보이니까.

놀고 있네. 이제 이것은 욕이 아니라 부러움의 대상이다. 잘 먹고 잘살아라. 이것이야말로 웰빙 시대에 던지는 인사말이 아닌가?

둘, 거울 속의 제 얼굴을 자주 들여다보라. 앞서도 말했지만, 매일 아침에 거울을 보면서 웃는 연습을 해 보라. 처음에는 가족들이 보고 미쳐 간다고 말할 수도 있다. 그런데 시간이 지나면 식구들 모두가 당신의 웃는 일에 동참할 것이다. 웃음은 행복을 끌어내는 일이라는 것을 깨달을 터이니까.

그러기 위해서는 나부터 먼저 웃을 수 있는 능력과 표정관리가 중요하다. 매일 거울 앞에서 웃는 연습을 하다 보면 나도 모르는 사이에 저절로 웃는 얼굴을 갖게 된다는 것을 기억해라.

웃음은 능력의 문제가 아니라 습관의 문제다. 우리는 빈손으로 왔다가 빈손으로 간다. 하지만, 그 안에 웃음이 있음을 잊어서는 안 된다. 웃음은 능력이다. 그러니 연습을 많이 해야 한다. 팀장부터 웃어야 직원들이 따라서 웃을 게 아닌가?

셋, 어린아이의 눈으로 세상을 보라. 웃음은 순수한 마음에서 나온다. 어린이에게서 웃음을 배워 보라. 웃음에 관한 한 그들은 어른의 스승임이 분명하다.

어린이는 하루에 300번 이상을 웃는데 어른들은 기껏해야 15번 정도 밖에 웃질 않는다고 한다. 우리는 웃음이 없는 것이 아니라 그것을 꺼내 쓰는 일에 인색한 것 같다. 마치 남에게 주는 선물처럼 말이다.

웃으면 자신에게 그 효과가 100% 돌아가는데도 그 가치를 잊고 산다. 이제 가슴을 열고 신이 준 선물, 웃음을 꺼내 보자. 아이의 웃음보따리를 훔치러 나가자.

넷, 유머노트를 만들어 보라. 재미나는 이야기를 수집하고 이를 나만의 유머로 만들어 나가는 일이다. 그리고 남에게서 들은 유머를 메모하여 수시로 읽어 보고 더 세련된 상황에 적용해 보는 습관이 중요하다. 일상생활 속에서 웃음을 나눌 수 있는 마음 자세가 중요하다.

한 연구에 의하면 혼자 웃는 것보다 여럿이 어울려서 웃으면 그 효과가 30배에 이른다고 한다. 웃음을 위해 고민하는 일, 정말 웃기는 아닌가? 오늘 저녁에 팀별로 웃는 연습을 해 보면 어떨까?

다섯, 유머사이트에 접속해보라. 타고나는 웃음 리더는 없다. 다만, 훌륭한 웃음전문가는 학습에 의하여 만들어진다는 것이다. 웃음이 경쟁력인 만큼 꾸준한 학습이 요구된다. 두 달 정도만 계속해 보면 저절로 웃음 속에서 살고 있음을 발견하게 될 것이다. 근무시간에 짬을 내서 살짝 들여다보라. 아직까지 우리 회사에서는 웃으면서 일하다가 짤린 사람이 없다는 것을 기억해라.

여섯, 어울려 웃어라. 웃음이 많은 사람과 어울리고 반응하다 보면 나도 모르는 사이에 웃음감각이 뛰어나게 된다. 적극적인 관심과 벤치마킹하는 것이 웃음 리더로 대성하는 길이라고 믿어라. 남들이 웃을 때 어울려 웃는 것도 효과는 또 같다고 한다. 웃음은 전염된다. 그러니 혼자 화장실 가서 킥킥거리지 말고 팀원들과 어울려 웃어라. 웃음소리의 강도다 팀 결속력과 조직문화의 건강 정도를 말해 준다.

일곱, 유머를 필수품으로 챙겨 가라. 유머 있는 사람이 모임이나 회의를 리드할 수 있다. 그리고 유머스러운 사람 주변에는 항상 사람들이 모여든다. 요즘은 꽃미남보다 유머 남에게 더 호감이 간다.

유머는 자신의 존재가치를 두 배로 높일 수 있는 비결이다. 웃음은 위기를 극복하게 해 주고 적을 없애 준다. 무엇보다도 웃음이 넘치는 사람 앞에서는 웃을 수밖에 없는 게 우리들의 본능이다.

웃음이 넘치는 사람 앞에 반기를 들 수 있는 사람은 없을 터이니까. 팀장과 팀원들이여~ 출근할 때, 회의에 참석할 때, 상담할 때, 거래처를 방문할 때, 면담할 때 우선 유머부터 챙겨 가시라.

여덟, 사소한 일에서부터 웃어라. 스트레스는 웃음의 적이다. 반대로 '웃음은 스트레스를 죽이는 킬러'라고 볼 수 있다. 웃음 리더에겐 스트레스가 없다는 공통점이 있다.

동기부여 학자인 브라이언 트레이시는 다음과 같이 말했다. "스트레스 상황은 없다. 다만, 스트레스에 대한 반응만 있을 뿐이다." 스트레스 없는 웃음직장을 만드는 것이 우리의 꿈이 아닌가? 우리 각자는 웃음 넘치는 직장의 리더가 되어야 한다. 설사 독재자면 어떤가. 웃음만 줄 수 있다면. 이제부터 사소한 것에서부터 웃음을 나눌 수 있는 지혜를 가져라.

아홉, 억지로라도 웃어라. 억지웃음도 인체에 미치는 효과는 동일하다는 것이 입증되고 있다. 정말 웃기는 일이다. 웃음은 습관의 문제이고 많이 웃는 만큼 건강과 자신감의 보물을 갖게 될 것이다. 억지웃음도 기쁘게 받아들일 만큼 우리의 신체는 바보라니 놀라운 일이 아닌가. 정말 웃긴다. 내일부터 출근하자마자 서로 쳐다보면서 웃어 보라. 진풍경이 기대될 것이다.

열, 웃으면 적이 없다는 것을 기억해라. 21세기 리더의 조건은 유머다. 유머는 리더십을 발휘하게 도와주는 핵심역량이며 자신의 실수나 단점을 극복하게 해 주는 힘이다.

유머감각이 곧 당신의 차별성을 나타내 주고 가치를 높이게 될 것이다. 다 웃자고 하는 일이 아닌가. 당신 주변에 경쟁자가 많고 껄끄러운 사람이 많을수록 웃어 보아라.

이상 10가지만 항상 마음속에 간직하고 즐거운 웃음을 잃지 않는다면 직장에서 어둠이나 스트레스 같은 것들은 사라지고 말 것이다. 웃는다는 것은 습관의 문제라고 믿는다. 따라서 우리는 지금 선택해야 한다.

여러분은 '바보'하면 무엇이 떠오르는가?

바보는 정상적인 사람과는 달리 두 가지 특성이 있다. 자주 웃는 일과 행복하다는 것이다. 행복해지기 위해서 우리 모두가 다 바보가 될 필요는 없다. 하지만, 그 웃음은 배울 수 있지 않을까?

자, 그럼 다 함께 웃어 보자.

"하하하 하하하……."

다시 한 번 마주보며 더 크게 소리치며 웃어 보라.

"하하 하하하하……."

'하느님 앞에서는 울어라. 그러나 사람들 앞에서는 웃어라.'라는 유대인 속담이 있다. 이 웃음을 잃지 않는 한 우리는 못 이룰 일이 없다고 굳게 믿어라.

이제, 웃음을 서로에게 나누어 주라. 그 웃음은 여러분 마음속에서 우리를 기다리고 있다. 웃음은 우리를 지켜 주고 안내해 줄 것이다. 그리고 용기를 내라.

직장인들에게 요즘처럼 힘들고 어려운 위기상황은 일찍이 없었다. 하지만, 우리는 추락하는 것이 아니다. 잠시 날개가 접혀 있을 뿐이다. 날개가 붙어 있는 한 언제든지 날 수 있다는 희망을 가져라.

더 힘차게 날갯짓을 해 보라. 우리는 잠시도 머뭇거릴 수 없다. 더 높이 힘차게 날아 보라. 이제 우리의 영원한 보금자리가 보이기 시작할 것이다.

대한민국을 이끌어 가는 전국 각 직장의 수백만 팀장과 리더들이여, 이제 유머리스트가 돼라.

Refined Humor Stretching

4장 유머경영의 기술

감성시대 성공비결, 유머감각 10배 키우기

¤ 유쾌한 일터를 만드는 가장 확실한 방법은

How to Improve the Morale with a Word!

먼저, 웃는다면 모든 것이 해결된다 / 유머의 시작, 식구부터 웃겨라 / 거짓 웃음도 진짜 웃음과 같은 효과가 있다 / 유머로 직원에게 기를 불어넣어라 / 조직의 리더인 팀장부터 달라져야 한다 / 재미없으면 일하지 마라 / 웃는 사람 주변에 사람이 몰린다 / 21세기 감성시대에 맞는 감성재미를 찾아라 / 유머경영을 하는 기업의 11가지 특징 / 유머경영 도입 시 발생하는 8가지 장점 / 즐겁고 행복한 일터를 만들기 위한 6단계 과정

Refined Humor Stretching

먼저, 웃는다면
모든 것이 해결된다

● 유머로 팀을 똘똘 뭉치게 해라

성공적인 팀은 어떤 모습일까? 늘 웃음과 유머가 넘치는 조직일까? 그렇지 않다. 성과가 일단 좋아야 한다. 그 성과를 내기 위해서 웃으면서 일하자는 것이다. 실컷 웃었는데 성과가 없다면 그 팀은 놀기만 한 것이다.

그렇다면, 좋은 성과를 내기 위해서 무엇을 해야 하는가? 우선 팀워크가 좋아야 한다. 조직 내에서 팀워크보다 더 큰 열정과 자부심, 소속감을 주는 에너지는 없다. 그런데 그 팀워크를 방해하는 요인은 무엇인가. 웃음인가? 그렇지 않다. 대부분의 조직에서는 다음과 같은 것들이 팀원들을 갈라지게 한다.

⬢ 지나친 경쟁분위기
⬢ 지나친 실적주의
⬢ 현실을 부정적으로 보는 마인드
⬢ 동료에 대한 시기심

◈ 동료 간의 커뮤니케이션 부족

◈ 눈에 보이지 않는 갈등

◈ 보이지 않는 조직 내의 벽

◈ 업무와 전공의 부적합

◈ 승진과 평가에 대한 불안

◈ 리더십이 부족한 팀장 밑에서 일하는 분위기

이런 요인은 단지 팀워크를 방해하는 정도가 아니라 웃음을 빼앗아 가고 유머적인 사고를 생각하지 못하게 하며 결국 답답한 조직, 주어진 일이나 하는 팀으로 전락시키고 만다. 그렇다면, 어떻게 이러한 팀을 치유할 수 있을까?

사람은 살짝 미소만 지어도 긴장감이 해소되고 심각한 심리적인 상태를 유연하게 만들 수 있다. 유머는 새로운 각도에서 사물을 바라보게 하며 해결책을 줄 수 있다.

아인슈타인은 노벨상 수상소감을 해 달라는 기자들의 질문에 '나를 지금까지 키워준 것은 바로 유머'였다고 말한 바 있다. 누구도 가지 않은 외롭고 힘든 길을 걸으면서 그는 유머를 통한 자기관리와 유연한 사고, 적응력을 높여 온 것이다.

스포츠에서는 훌륭한 선수들을 스카우트해 오는 것이 중요한 것이 아니라 그들을 하나로 뭉치게 하고 공동의 목표를 갖게 하는 리더십이 더 중요하다. 성공하는 팀들의 공통점은 일부러 장난을 자주하며, 큰 소리로 웃고 자유로웠었다는 연구 결과가 있다. 그런 분위기 속에서 서로 더 잘 이해하고 유머를 통한 결속력을 다지며 서로 에너지를 나누어 하나로 묶는 시너지를 발휘할 수 있기 때문이었다.

웃음소리는 생산성이 뛰어남을 말하는 것이다. 실제로 웃음과 업무와의 관계에서 나타나는 결과들이다.

팀워크가 잘 이루어지기 위해서는 나 중심에서 우리 중심의 사고가 되어야 한다. 우리보다 내가 먼저면 그 조직은 시너지를 발휘할 수 없다.

오랜만에 거리에서 한 사람이 옛날 친구를 만났다. 얼마나 반가웠는지 둘은 가던 길을 멈추고 술집으로 달려갔다. 지난 세월을 이야기하며 밤새 술을 마신 두 사람이 밖으로 나왔다. 그런데 쟁반만한 보름달이 두둥실 떠 있었다.

"야, 오늘 밤 참 태양이 멋지게 떠있구나!"
"뭐야, 저게 무슨 태양이냐. 달이지. 너 술 취했구나!"

둘은 밤새워 해다, 달이다 하며 자기주장을 굽히지 않고 싸우고 있었다. 이때 마침 한 신사가 지나가고 있었다. 그들은 그 신사에게 물어보기로 했다.

"여보시오. 제게 해입니까? 달입니까?"

그랬더니 그 신사는 이렇게 말하고 사라졌다.
"글쎄요. 저는 이 동네 살지 않아서 잘 모르겠는데요."

이 세 사람은 모두가 자기중심이다. 그러니 답이 나올 리가 없다.
그렇다면, 팀장은 어떻게 팀원들을 하나로 묶고 춤추게 할 것인가? 물론 빨개 벗고 출근길에 팀원들에게 통춤을 출 수는 있다. 문제는 매일 그렇게 춤출 수 없다는 것이다. 하지만, 고민할 필요는 없다. 먼저, 웃으면 되니까.

웃음은 전염성이 강해서 누군가 웃으면 그 주변 사람들은 저절로 웃게 되어 있다. 참으로 웃음은 신비롭다. 그 조직의 리더부터 웃는 것이 웃음을 전파하고 조직문화를 바꾸는 일이다. 기억하는가? 웃는 것만으로도 문제가 해결되었다는 것을. 하하하하.

유머의 시작, 식구부터 웃겨라
Refined Humor Stretching

● 가장 큰 대박은 바로 가정의 웃음이다

어렵게 대학에 입학한 딸아이가 있었다. 그녀는 대학에서 동물보호 동아리에 들어가 열심히 뛰며 동물보호 운동에 앞장섰다. 어느 날 동물보호 캠페인에 다녀오더니 엄마에게 큰 소리로 말했다.
"세상에 어떻게 개를 잡아먹어!"

엄마가 한참이나 말이 없자 딸아이는 아버지를 향해 퍼부었다.
"아빠도 개고기 드시죠?"

이 말을 듣고 엄마가 점잖게 말했다.
"이 녀석아, 아빠가 개고기라도 먹었으니까 너를 낳은 거야!"

어느 날 한 부부가 나란히 누워 TV를 보는데 드라마에 나온 50대 중반의 여인을 가리키며 아내가 물었다.

"나도 저 나이 되면 저렇게 늙어 보일까?"
"응, 벌써 그렇게 보여."

볼 없고 멋대가리 없는 남편의 말에 그만 아내는 폭발하고 말았다. 이렇게 재미없게 분위기 맞추지 못하는 남편은 늘 가족들에게 스트레스를 가져다주는 가장이다. 늘 그의 집안에는 무겁고 진지하기만 할 것이다.

아내는 남의 가정처럼 집안에서 신나게 웃으며 사는 것이 꿈이다. 당신이 만약 이런 가장처럼 유머감각이 없는 사람이라면 그것을 어떻게 극복할 것인가? 더욱 큰 문제는 이런 가장은 직장에서도 부하들에게 일만 시키는 멋없는 상사로 받아들여지고 있다는 것이다.

웃음은 삶의 윤활유와 같은 것이다. 웃음이 사라진다는 것은 대인관계의 맥이 끊어지고 고립되는 것을 의미한다. 우리는 울면서 태어났지만 웃음을 찾아가는 여행에 참여해야 한다. 오늘보다 더 값지고 진실하고 품위 있는 그런 웃음을 끊임없이 추구해야 한다. 웃음이 많으며 인간관계가 부드럽고 대인관계가 뛰어난 사람은 하나같이 유머지수가 뛰어나다는 공통점을 볼 수 있다.

"인간이란 무엇인가? 재미있는 이야기에 따라 일단 함께 웃고 나면 그 사이가 더욱 가까워진다."라고 영국의 작가인 로버트 버튼은 웃음론을 제기한 바 있다.

어느 날 부자지간이 오랜만에 대화를 나누었다.

"철아, 나중에 결혼하면 아빠가 너희 집에 가면 네 아내 몰래 용돈을 주어야 한다."

"어떻게 몰래 주지?"

"응, 아빠가 옷을 벗어 놓을 터니 그 호주머니에다 슬그머니 넣으면 돼."

"알았어 아빠, 근데 한 가지 조건이 있어."

"뭔데?"

"내일부터 엄마 몰래 내 호주머니에 용돈 좀 넣어줘?"

세상에 공짜는 없다. 부자지간에도 벌써 이 정도의 거래가 오가니 하물며 남남 간의 관계는 어떠하겠는가?

가정은 유머의 생산장소다. 가정에서 찾지 못하는 웃음은 어디에서도 찾을 수 없다. 특히 집안에서 가족들과 격의 없이 웃음을 만들 수 있다면 그것은 어디에서도 위기를 극복하고 힘차게 나갈 수 있는 힘을 마련하는 것이다.

그래서 식탁유머를 말하고 싶다. 가족들이 식사하는 시간이야말로 가장 아름답고 행복한 시간이다. 더욱이 웃으며 식사하면 소화도 잘되고 건강해 질 수 있는 식탁의 유머는 가장 맛있는 건강식인 셈이다.

"여보 텔레비전은 여성형이냐, 남성형이야?"

아내가 갑자기 물었다.
"당신도 엉뚱하긴 그야 당연히 여성형이지."

남편은 당연히 여성형일 거라고 자신 있게 말했다. 아내는 궁금한 듯이 재차 물었다.
"왜죠?"
"눈만 뜨면 저리 시끄러운데 그게 누구겠어."

팀장에게 필요한 것은 가정에 웃음의 선물을 주는 것이다. 돈을 더 벌어 오는 것보다 더 중요한 것이 바로 웃음이다. 직장에서 아무리 훌륭하고 업무처리 능력이 뛰어나도 가정을 행복하게 경영할 수 없다면 그는 리더로서 자격을 잃은 것이나 다름없다.

게다가 가정에서 찾지 못하는 웃음은 그 어디에도 없다는 말을 명심해야 한다.

멋진 팀장은 일터를 가정처럼 만들고 가정을 일터처럼 생산적인 곳으로 만들어 나가는 사람이다. **팀장들에게 말해 주고 싶은 충고는 가정에서 웃음을 찾지 못하는 사람은 어디에서도 웃음을 찾지 못한다**는 사실이다.

어느 주부가 침대 밑에서 한 통의 편지를 발견했다. 겉봉투에는 "이렇게 헤어지게 되어 나도 슬퍼."라고 쓰여 있었다. 그녀는 이틀 전 남편과 심하게 다툰 것이 떠올랐고 두근거리는 마음으로 읽어 갔다.

"그동안 고마웠소. 나를 위해 살려고 발버둥 친 것 다 알아. 하지만, 더는 그것이 나에게는 행복이 될 수 없어. 이제 더 늦기 전에 떠나는 것이 우리 모두를 위한 일이라 생각해. 게다가 당신 몰래 그동안 밖에서 낳은 자식이 이제는 학교에 입학해. 이제 그 아이에게 주말에만 나타나는 것도 죄짓는 것 같아 괴로워.

게다가 툭하면 설거지하지 않는다, 속 옷 개지 않는다, 밤일하는데 힘이 없다는 핀잔 듣는 것도 괴로워. 그저 한때의 잘못된 만남으로 잊자. 그리고 이 집은 놓고 갈 거니까 걱정하지 마. 물론 팔리 때까지만….

그리고 또 당신이 허락한다면 언젠가 밖에서 키워온 녀석을 소개해 주고 싶어. 물론 잘 알아. 당신의 지금 심정을…. 그동안 정말 고마웠어. 아이들, 잘 부탁해. 내일 짐 가지러 올게.

오후에는 집 비워 주었으면 좋겠어. 마지막 부탁이야.

…

…

…

P·S: 여보 놀랐지? 나 지금 장모님하고 쇼핑하고 있어. 내가 좋아하는 색상의 당신 팬티도 샀어. 그리고 오늘 우리 외식하기로 한 것 잊지 않았겠지? 당신만을 사랑하는 남편으로부터….

가끔은 이런 놀라운 유머 이벤트로 통하여 집안에 웃음꽃을 피우게 하는 것도 바람직하다고 본다. 늘 무미건조하게 바라만 보는 식구보다는 서로 웃음을 확인하고 웃을 거리를 찾는다는 것은 얼마나 멋진 일인가.

이 세상에서 가장 큰 대박은 바로 가정의 웃음이다. 가정에서 찾지 못하는 웃음을 어떻게 밖에서 찾을 수 있는가? 제 식구도 행복하게 하지 못하면서 어떻게 남을 즐겁게 할 수 있는가? 훌륭한 팀장의 유머감각은 가정에서 단련된 것이다.

유머 넘치는 가정을 만드는 Tip

- 아이들과 많은 대화를 나눈다.
- 가족끼리 칭찬카드를 만든다.
- 각자 밖에서 겪은 재미있는 일을 함께 나눈다.
- 아이들과 역할 연기를 한다.
- 가족이 모두 읽을 수 있는 책을 구입한다.
- 재미있는 프로를 가족이 함께 시청한다.

◈ 사랑한다는 말을 자주 한다.

◈ 가족이 함께할 수 있는 놀이를 개발한다.

◈ 가족신문을 만든다.

◈ 어른부터 자주 웃는 모습을 보인다.

Refined Humor Stretching

거짓 웃음도
진짜 웃음과 같은 효과가 있다

● 웃음텃밭을 가꾸는데 실천해야 할 3가지

거짓 웃음도 진짜 웃음과 같은 효과가 있다 하여 무조건 웃으라고 말한다. 게다가 혼자 구석에 앉아 낄낄거리고 웃는 것보다는 동료와 어울려 웃으면 그 웃음의 효과는 30배까지 나타난다는 연구결과가 있다.

그러니 이제 웃을 일이 있으면 무조건 어울려 웃어야겠다. 그러면 경쟁이 치열하고 엄격한 기업문화를 갖고 있는 환경에서는 어떻게 웃어야 한다는 말인가?

무조건 웃으면 미친놈이라 할 것 같고. 그래서 웃음텃밭을 만들기 위해서는 다음과 같은 세 가지를 실천하는 것이다.

첫째는 긍정적인 마음이다. 이 말이 담고 있는 뜻은 아무리 강조해도 결코 지나치지 않을 것이다. 그 중요성에 기인하여 그 의미를 되짚어 보도록 하자. 요즘 흔히들 웃을 일이 없다고 한다. 하지만,

그것은 거짓말이다. 사실은 웃을 마음이 없는 것이다. 게다가 웃음은 머릿속에 있다고 생각하는 사람이 있다. 하지만, 우리가 찾는 웃음은 늘 마음속에서 찾아오길 기다리고 있다.

어느 환자가 병원에 갔는데 의사가 화를 내며 왜 이제 왔느냐고 호통을 쳤다.
"이 병은 수술을 해야 합니다."
"그렇게 심각한가요?"

환자는 의사에게 매달리다시피 물었다.
"그럼요. 수술하면 5명 중 4명은 죽죠."
"그럼 수술하지 않고 사는 데까지 버티겠어요."

환자가 이렇게 말하자 의사는 웃으면서 말했다.
"걱정하지 마세요. 벌써 네 명은 죽었으니까."

이 이야기는 어떤 상황에서도 늘 긍정적인 마음을 먹는 것이 중요하다는 것을 보여 주는 단편적인 사례다.

둘째는 감사하는 마음이다. 동료에게 감사하는 마음이 생기면 세상이 넓어 보이고 경쟁보다는 함께 일하는 친구가 될 수 있다. 감사하는 마음을 가지면 그만큼 뇌 안에 웃음 세포가 자라난다는 연구가 있다. 웃음 세포를 배양하는 방법은 그저 감사하게 생각하는 데에 있다. 먹고살기 바쁘고 누군가를 눌러야 올라가는데 어떻게 감사한 마음을 갖느냐고? 우선 감사한 마음을 가져 보라. 그러면 답을 알게 될 것이다.

셋째는 칭찬하는 마음이다. 우리는 돈에 굶주려 있는 것이 아니라 칭찬에 메말라 있다. 동료와 팀원을 칭찬해 보라. 그의 눈빛이 달라지고 금방 펄떡이는 고기떼로 변할 것이다.

술만 먹으면 소리치며 깽판 치는 남편이 있었다. 드디어 어느 날 저녁에 한판 붙었다.
"도대체 당신이 뭘 잘하는 게 있다고 술만 먹으면 이 난리를 피우는 거예요?"

마누라가 울면서 말하자 남편은 '에이 씨'하며 양말을 벗어던졌다. 그런데 양말 두 짝이 묘하게 세탁기 속으로 들어가는 게 아닌가. 이때 마누라가 한마디 했다.
"흥, 잘하는 것 한 가지는 있네."

그 다음 날부터 그 남편은 일찍 집에 들어와 세탁기 속에 양말 벗어 던지는 연습을 했다.

칭찬은 마약과 같다. 건수가 있으면 늘 칭찬하는 습관을 가져라.

⬖ 사소한 일도 칭찬해라.

⬖ 칭찬거리가 있을 때는 즉시 해라.

⬖ 가능한 한 칭찬은 공개적으로 해라.

⬖ 칭찬을 통하여 축하파티를 자주 가져라.

⬖ 칭찬 바이러스를 퍼트리고 조직의 뿌리가 되게 해라.

이러한 세 가지 웃음 기술을 개발해 나가기 위해서는 늘 네 가지를 우선 깰 수 있는 마인드가 필요하다.

눈만 뜨면 출근하고 싶은 일터를 만들고 싶지 않은가?

그것은 사장의 손에 달려 있는 것이 아니라 바로 당신, 팀장에게 달렸다는 것이다. 감성시대 팀장의 역할은 바로 직원들의 감성을 관리하는 매니저가 되어야 한다. 하하하하!

Refined Humor Stretching
유머로 직원에게 기를 불어넣어라

● 가지고 있는 지식에 유머를 담아라

    조직은 팀이다. 팀은 여럿이다. 여럿은 서로 다른 욕구와 개성을 갖고 있다. 그러므로 이 여럿을 어떻게 하나로 묶어나가는 것은 매우 중요하다. 그것이 팀이 살고 조직이 살고 개개인이 사는 비결이기 때문이다. 팀장이라면 누구나 한번쯤 자신의 역할에 대하여 고민하게 된다. 그리고 가끔은 학력이나 경력, 기술 등 자신의 과거를 되돌아보며 재무장하며 자신감을 되찾으려 안간힘을 쓴다.

    하지만, 이제는 나이나 경험, 승진, 학력과 같은 외형적인 것만 가지고는 리더라 말할 수 없다. 그것이 밥 먹여 주던 시대는 지났다. 이제는 문화와 감성의 시대다. 이 새로운 시대에 요구되는 새로운 마인드를 가져야 함은 당연하다. 그것이 바로 유머다. 지식은 터질 듯이 넘쳐도 유머가 없으면 그는 지식인에 불과하다. 리더가 되기를 원한다면 이 지식에 유머를 담아라. 유머로 무장하는 비법과 그 효과가 여기에 제시되어 있다.

이제 유머로 성과를 창출하고 리더십을 발휘하며 유머화법으로 설득해 나가는 방법을 배워야 한다. 유머로 직원에게 기를 불어넣어 주고 위기를 극복하는 방법을 말이다.

- 나는 왜 무뚝뚝하고 멋없는 팀장인가?
- 나는 왜 직원을 설득하는데 어려움을 겪고 있는가?
- 나는 왜 퇴근 후에는 혼자인가?
- 나는 왜 회의시간에 혼자 설교만 늘어놓는가?
- 나는 원래 유머 없는 썰렁한 인간인가?

이제 리더십의 핵심은 유머다. 유머는 약점을 감춰 주고 낯선 관계를 쉽게 회복시켜 주는 힘이 있다. 그래도 나는 유머가 없다고? 그러나 걱정하지 마라. 이 장을 마치면 당신은 조직을 살아 숨 쉬는 일터로 만들고 직원들에게 열정을 불어넣는 유머리더의 기초적 자질은 갖게 될 것이다.

하지만, 명심해라. 늘 긍정적인 마음을 먹어야 한다.

지금처럼 삐딱한 눈으로 세상을 바라보면 그대는 여전히 삐딱한 팀장, 비딱한 리더로 남게 될 것이다.

Refined Humor Stretching
조직의 리더인 팀장부터 달라져야 한다

● 붕어빵 먹을 때 어디부터 먹는가

증권회사에 다니는 모 팀장은 직원을 선발할 때 특이한 방식으로 면접을 보는 것으로 알려졌다. 최종면접과정을 거치고 신입사원 교육을 마치면 마지막에 재능과 적성에 따라 부서를 배치하는데 그는 붕어빵을 소재로 직원들의 적성을 테스트한다.

"김 군은 붕어빵을 먹을 때 어디부터 먹는가?"

전혀 예상치 못한 질문을 받은 직원들은 황당한 질문에 나름대로 답변을 해야만 했다.

"네 팀장님, 전 머리부터 먹습니다."

"그래 자네는 참 똑똑하구먼, 내일부터 기획 부서에서 일을 하게."

"박 군은 붕어빵을 먹을 때 어느 부위를 먼저 먹는가?"

"네 팀장님, 저는 눈부터 먹습니다."

"오, 그래요. 그럼 자네는 내일부터 감사실에 근무하게. 자네의 예리한 두 눈을 나는 믿네!"

"구 군은 붕어빵을 어느 부위부터 먹지?"

"네, 저는 꼬리 부분부터 잘라먹습니다."

"왜 하필 꼬리인가?"

"네, 저는 진짜 붕어에서는 먹을 수 없는 부분이 꼬리인데 붕어빵에서는 꼬리에도 그런대로 먹을 게 붙어 있어서……."

"그래요? 그럼 자네는 당장 선전실에 가 보게. 자네처럼 꼬리 젖고 다니는 직원이 그동안 없어 고민해 왔네."

"마지막으로 강 군은 어디부터 먹는가?"

"네. 저는 그냥 배부터 먹습니다."

"배부터? 왜지?"

"네 살이 제일 많이 들어 있고, 먹을 게 제일 많잖아요?"

"아 그렇구면, 그러면 자네는 알고 보니까 대식가로구면, 내일부터 당장 구내식당으로 출근하게."

이렇게 황당한 면접은 끝났다. 그런데 졸지에 주방장 신세가 된 강 군이 팀장에게 물었다.

"팀장님, 제가 감히 한 가지 질문을 드려도 되겠습니까?"

"그래 말 해보게."

"팀장님은 붕어빵을 드실 때 어느 부위부터 드시죠?"

"글쎄, 이것은 나만의 노하우인데…."
"저는 팀장님의 그 노하우를 배우고 싶습니다."
"정말인가? 나는 말이야 그냥 통째로 먹는다네."
"그럼 처음 입사해서 일한 부서는 어디셨죠?"
"이 사람들 순진하기는, 어느 부서긴 어느 부서야. 첫날부터 팀장이지."

아마 이런 면접이 이루어진다면 그 회사는 웃음꽃이 일 년 내내 지지 않는 건강한 기업으로 부러움을 살 것이 틀림없다.

유머조직으로 거듭나기 위해서는 리더부터 달라져야 한다. 유머는 그럴만한 문화 풍토가 조성될 때 조직 전체에 스며들기 때문에 사장이나 부서장 등 리더의 위치에 있는 사람부터 달라지지 않으면 절대로 유머가 넘치는 조직이나 기업으로 성장할 수 없다.

유머는 조직의 엔도르핀을 만들어 내고 주인의식을 갖게 하며 창의성을 불러일으키며 궁극적으로 비용절감과 생산성을 향상시키는 놀라운 효과가 있다.

유머는 기업현장에서 다음과 같이 조직의 활성화에 기여하고 생산성을 향상시키는데 영향을 미친다.

- 비용이 준다.
- 매출액이 늘어난다.

- 일할 맛이 나는 분위기를 만든다.
- 활기찬 아이디어가 나온다.
- 회사에 대한 충성심이 생긴다.
- 직원의 만족도가 높다.
- 안전사고의 위험이 줄어든다.
- 상품의 품질이 높아진다.

Refined Humor Stretching

재미없으면 일하지 마라

● 경영키워드가 바뀌고 있다

　'잘 놀아야 일도 잘한다, 재미가 없으면 생산성이 떨어진다, 재미를 팔아야 한다.'라는 슬로건을 내걸고 시작된 유머경영은 경영전략 개념으로 직원들에게 유머감각을 가질 것을 권장하고, 직장 분위기를 재미있는 일터로 변화시켜 구성원 간의 화합과 참여의식을 높이는데 아주 효율적인 경영법이다. 나아가서는 기업, 고객, 직원이 일과 재미와 신뢰를 바탕으로 하나가 될 수 있다는 이념을 실현할 수 있게 해 준다.

　재미(Fun)를 단순한 놀이의 대상이나 흥미 차원이 아닌 인생의 에너지로 바꿈으로써 직원들 사기를 살리고 일할 맛이 나는 직장을 만드는데 그 주안점을 둔 것이 특징이다.

　한편, 유머전략으로 유명한 사우스웨스트항공사의 재미있는 문화 만드는 전략을 보면 다음과 같은 내용을 담고 있다.

◈ 어느 누구도 재미있는 일을 향해 얼굴을 찌푸리지 않게 한다.

◈ 모든 직원들이 다 함께 참여해야 한다.
◈ 직원들에게 재미를 직접 만들 수 있는 자유를 준다.
◈ 고객을 즐겁게 하는 일을 직원들의 업무로 권장한다.
◈ 항상 성공과 기념일을 함께 축하한다.

이처럼 이제는 경영의 키워드가 바뀌고 있다. 시장환경의 변화와 글로벌화 추세는 더이상 품질이나 인화단결만을 강조하는 것으로는 한계가 있음을 보여 주고 있다.

이제 고객만족을 실현하고 차별화된 기업문화를 선보이기 위해서 일부 대기업을 중심으로 재미와 일을 결합시키고자 하는 유머경영이 새로운 트렌드로 자리 잡고 있다. 실제로 앞서 가는 일부 기업에서는 유머경영을 통한 비용절감과 생산성 증대, 고객만족도가 현저히 증대되고 있음을 보여 주는 통계들이 속속 나오고 있다.

유머경영의 핵심은 직원들이 즐겁게 일하고 기와 끼를 마음껏 발휘하여 업무의 질을 향상시키고 자유로운 기업문화를 만들어 나가는 데 있다.

최근 좋은 일터 만들기 운동(GWP: Good Work Place)의 핵심도 신나는 조직문화를 만들어 신뢰할 수 있는 일터와 재미있게 일할 수 있는 기업문화를 만들어 나가자는데 의미를 두고 있다. 그러나 일과 재미, 유머와 성과를 어떻게 조화시키고 비전을 제시하여 바람직한 경영문화를 구축할 것인가가 관건이다.

Refined Humor Stretching

웃는 사람 주변에 사람이 몰린다

● 유머가 흐르는 조직을 만들어라

"왜 즐겁고(Merry)고, 행복한(Happy) 것들이 한국에 오면 개가 되지?"

"그만큼 한국인들은 식욕이 왕성하단 거지."

웃는 사람 주변에 사람이 많이 몰리는 이유는 무엇인가, 웃는 사람에게서 믿음과 신뢰를 더 많이 갖는 이유는 무엇인가, 왜 사람들은 유머형 리더를 존중하고 그들과 함께 어울리기를 바라는가?

문제직원 뒤에는 항상 문제 상사가 있게 마련이다. 결국, 직원의 태도가 엉망인 것은 그토록 방치했거나 상사의 리더십이 그 정도밖에 안 된다는 것을 역설적으로 보여 주는 것이다.

어느 회사의 남자 화장실에 다음과 같은 문구가 붙어 있었다.

"제발 한 발자국만 다가서세요. 흘리는 것은 당신의 크기가 짧다는 것을 공개하는 것이니까요. 청소부 아줌마 백."

웃음은 인간의 모든 독을 제거하는 해독제다. 개인의 독만이 아니라 조직이 안고 있는 모순과 상호 간의 불신, 업무상의 애로와 견제, 승진과 시기, 갈등과 스트레스, 비전과 자기성취 등은 누구나 안고 있는 제거되어야 할 문제이며, 지혜롭게 풀어 가야 할 과제이다.

개인이 웃을 수 있어야 조직이 웃고, 조직이 웃을 수 있어야 그 조직과 구성원들이 원하는 목표를 이루어 나갈 수 있다.

"일과 재미는 언제나 하나가 되어야 한다. 당신은 끊임없이 당신 자신과 직원들, 고객에게 일 속에서 즐거움을 줄 수 있는 새로운 방법을 찾아야만 한다."라고 매트 웨인스테인은 강조한다.

일을 즐기면서 하는 사람은 그렇지 않은 사람에 비하여 창의성이 높고 적응력이 뛰어나며 잠재능력을 더 많이 발휘할 기회를 갖는다. 또한, 즐기면서 일하는 사람이 많은 조직일수록 화합이 잘되고 기업에 대한 신뢰감이 높으며 그 조직의 목표를 좀 더 쉽게 달성하게 한다.

Refined Humor Stretching

21세기 감성시대에 맞는 감성재미를 찾아라

● 기업들의 새로운 고민거리는

  21세기는 감성의 시대다. 생산이든 소비든 감성 코드를 맞추지 못하면 성과를 내기가 곤란하다는 말이다. 일부에서는 서비스산업이라는 용어를 이제는 감성산업이라는 용어로 대체해야 한다는 주장도 제기되고 있다.

  또한, 소비자들도 이성소비가 아니라 감성소비하는 것에 익숙해져 가고 있다. 게다가 일이든 학습이든 재미든, 상품이든 그 과정이나 사용에서 어떤 재미를 느끼지 못하면 가치를 느끼지 못하는 시대로 접어들고 있다.

  예를 들면 큰 아파트에 사는 것이 중요한 것이 아니라 그곳에 사면서 재미와 즐거움을 만끽할 수 있어야 한다는 것이다. 그러다 보니 이제는 재미를 찾고 이를 충족시킬 수 있는 아이디어를 찾기 위해 기업들은 새로운 고민에 빠져 있다.

이 같은 트렌드에 맞추어 기업에서는 신세대들과 기성세대와의 문화적 차이에서 오는 간극을 극복하고 고객의 감성욕구를 충족시키기 위한 방안으로 선진국을 중심으로 하여 유머경영이 각광받고 있는 것이다. 이들은 놀이세대, 게임세대, 감성세대로 불려질 만큼 정서적인 가치에 비중을 두는 영상문화의 세대지만 기성세대들은 논리나 규칙 전통을 중시하는 가치관에 뿌리를 두고 있다.

따라서 신세대들의 창의력과 아이디어를 이끌어 내고 고객만족을 통한 성장산업으로 발돋움하기 위해서는 새로운 경영혁신 차원에서 유머경영이 대두하고 있다고 볼 수 있다.

포춘이 매년 선정하는 일하기 좋은 100대 기업들의 특성은 신뢰, 자부심, 재미라고 한다. 이제는 재미가 경영의 키워드가 되고 있다는 것을 보여 주는 실증적인 사례다. 그래서 일터를 놀이터 수준으로 끌어올릴 수 있는 기업문화가 요구되고 있다.

유머경영은 기업과 구성원, 고객 모두가 즐겁고 신뢰할 만한 일터를 만들어 경직된 조직문화를 타파하고, 신뢰할 수 있는 일터 분위기를 만들어 생산성을 향상시키고 감성적인 가치를 창출할 수 있게 해 준다.

일과 놀이가 조화를 이루는 일터(Worktainment)에서 일하는 직원들은 그렇지 않은 일터에서 일하는 직원들보다 창의적이고 충성도가 높다는 연구결과가 나와 있다. 여기서 나타나는 것처럼 유머문화는 새로운 기업문화를 통해 경쟁력을 추구하는 하나의 경영방안으로 도입되고 있다.

최근에 대기업을 중심으로 일고 있는 가사불이(家社不二)운동도 이 같은 취지에서 볼 수 있다. 직원, 가정, 일터, 고객이 모두 즐거운 경영이 미래의 차별화 경영기법이라는데 이의가 있을 수 없을 것이다.

유머경영하면 우선 사우스웨스트항공사의 허브 케러허 회장을 꼽지 않을 수 없다. 그는 유머가 없는 직원은 채용하지도 않을뿐더러 유머가 없는 직원은 가차없이 해고할 만큼 유머를 기업경영의 미션으로 삼고 있다. 그 결과 9·11테러의 위기 속에서도 타항공사에 비하여 사우스웨스트항공사는 지속적인 성장을 해 왔다. 그는 유머가 기업문화에 뿌리내리고 하나의 시스템을 정착시켜 나간 대표주자임이 틀림없다.

유머는 직장문화를 바꾸기도 하고 이미지를 변화시키기도 하며 고객과의 끈끈한 관계를 구축하는 데도 기여한다. 그렇다면, 어떻게 지루한 일을 유머가 넘치게 할 수 있을까? 여기에 대하여 릭과 대런은 "우리가 하는 모든 일에는 유머가 있다. 우리는 그것을 찾아내기만 하면 된다."라고 말한다. 설탕 한 스푼이 쓴 약을 삼키게 한다는 말이 있다. 노동현장에서 유머는 설탕과 같은 역할을 하고도 남는다.

재미있는 직장 만드는 *Tip*

◈ 동료와 재미를 함께 나눈다.

◈ 유머대회를 개최한다.

◈ 사내에 유머사이트를 운영한다.

◈ 유머주간을 정한다.

◈ 썰렁한 직원에게는 벌칙을 준다.

◈ 회의 시에는 반드시 유머를 갖고 간다.

◈ 임직원을 모델로 만들어 게시한다.

◈ 가끔 사장님의 유머를 방송한다.

◈ 사무공간을 익살스럽게 꾸민다.

◈ 1초 먼저 웃는 연습을 한다.

◈ 칭찬을 자주 한다.

◈ 감사합니다라는 말을 자주 한다.

◈ 축하할 일을 자주 만든다.

◈ 유머 관리자를 사내에 둔다.

◈ 유머를 존중하는 풍토를 만든다.

Refined Humor Stretching

유머경영을 하는 기업의 11가지 특징

● 감성시대에 맞는 차별화 전략은

  조직문화의 필요성을 외치고 직장에 유머문화를 구축하는 일은 어느 조직에서든 시급한 문제다. 권위와 서열, 전통을 중시하던 기업 문호보다는 열린 조직, 웃음과 재미가 흐르는 조직, 일터에서 유머로 농담하며 장난치듯이 일할 수 있는 조직문화를 만들어가는 것이 감성시대의 차별화전략이다.

  유머경영으로 앞서 가는 국내외 기업들의 사례를 벤치마킹해 보면 그들 기업문화의 공통점을 발견할 수 있다. 주로 다음과 같은 특성이 그것이다.

첫째, 재미는 문화다

  재미가 조직 주변에 흐를 수 있는 통로를 확보해야 한다. 재미가 없으면 성과도 없다. 재미는 21세기 조직의 비전이다. 직원들이 재미를 느낀다는 것은 공동체 의식이 강하다는 것을 말한다. 재미는 곧 팀워크다. 그러므로 재미는 어느 조직이나 가장 큰 성과다. 재미를 느끼지 못하는 일터는 주어진 일만 하다가 퇴근한다. 그러나 재미가 넘치는 일터는 시간 가는 줄 모르게 일하며 충성심을 보인다.

둘째, 유머는 권력이다

유머가 조직문화의 뿌리가 되게 해야 한다. 유머가 없으면 열정도 없다. 유머는 감성시대의 에너지원이다. 유머가 넘치는 직원은 긍정적이며 유연성이 강하다. 위기에도 강하며 쉽게 적응하는 힘이 있다. 유머는 사람을 리드하고 협상력을 높이며 설득하는데 필요한 카리스마가 숨겨져 있다. 성공하는 사람들에게 있는 한 가지 공통점이 '늘 유머를 잃지 않는다.'라는 사실이 이를 잘 말해 준다.

셋째, 일은 놀이다

일과 놀이가 하나가 되게 해야 한다. 일에 놀이가 없으면 일꾼은 노예로 전락한다. 창의성이 요구되는 시대에 놀이는 곧 재능이다. 인간은 일을 떠나서는 생존할 수 없다. 그러나 그 일을 어떻게 하는가는 매우 중요하다. 일터가 곧 삶의 터전이기 때문이다. 일터에서 행복을 느낄 수 있을 때 비전이 나오고 인생은 즐거워지는 것이다. 일을 놀이처럼 즐기며 일할 수 있는 기업문화를 만드는 것이 이제는 혁신이다.

넷째, 커뮤니케이션은 뿌리다

서열을 뛰어넘는 대화터널을 구축해야 한다. 벽을 허물지 못하면 마음은 열리지 않는다. 유머는 사람을 하나로 묶는 접착제다. 커뮤니케이션이 원만해야 능률이 오르고 성과가 창출된다. 커뮤니케이션은 곧 인간관계이기 때문이다. 자유롭게 나눌 수 있는 커뮤니케이션이야말로 개방적인 기업문화를 만들어 가는 초석이다.

다섯째, 실수는 디딤돌이다

실수문화를 권장해야 한다. 실수가 허용되지 않으면 더 큰 비전은 없다. 너그러움과 여유에서 조직은 성장한다. 실수는 실패가 아니다. 그것은 또 다른 성과다. 실수한 직원에게 새로운 업무를 부여하여 만회할 기회를 제공해라. 실수를 통하여 인류문명은 진보해 왔다. 개인이나 조직이 시행착오를 겪지 않으면 비전은 없다. 실수를 권장할 수는 없다. 그러나 실수를 무시하는 풍토는 더 위험하다.

여섯째, 칭찬은 마약이다

칭찬을 먹고 서로에게 먹여라. 칭찬은 고래도 춤추게 한다. 칭찬은 경직된 조직을 허무는 확실한 기술이다. 우리는 모두 돈에 굶주려있는 것이 아니라 칭찬에 굶주려 있다. 작은 일이라도 그때그때 칭찬하는 습관이 필요하다. 칭찬은 마약과 같은 효과가 있다. 구성원 간의 신뢰문화를 형성하고 행복한 일터를 만들어 나가는 것이 곧 바람직한 기업문화다.

일곱째, 진지함은 장애물이다

엄숙주의를 몰아내야 한다. 진지함은 때로는 장애물이다. 유머조직으로 변화하는 것은 대중탕에서 서로 등을 밀어주는 일이다. 21세기 감성시대는 진지함이나 무게 잡는 사람은 인기가 없다. 당신이 만나는 사람이 매일 심각한 얼굴로 무거운 표정을 짓고 있다면 커뮤니케이션마저 힘들어 질 것이다. 웃는 것만으로도 동료에게 자선을 베푸는 일이다.

여덟째, 유머화술은 지휘봉이다

CEO부터 유머를 구사해야 한다. 유머는 위기를 극복하게 해 주고 인간적인 정서가 흐르는 조직으로 안내한다. 유머로 지휘해라. 유머로 의사소통이 가능하다면 그 조직은 일과 놀이, 재미를 잘 조화롭게 운영하는 노하우가 있는 것이다. 화술의 목적은 상대를 설득하는 데 있다. 그것은 상대와 내가 하나가 되고 공감을 형성할 때 가능한 일이다. 그러므로 유머는 상대의 마음을 여는 열쇠다.

아홉째, 유머는 전략이다

유머가 최고의 전략이 되게 해야 한다. 직원을 행복하게 만드는 비결이 곧 고객을 행복하게 만드는 길이다. 직원이 행복해야 고객을 행복하게 하기 때문이다. 그러므로 유머는 최고의 전략이며 기술이다. 직원과 고객이 유머로 커뮤니케이션이 가능하다면 그 부가가치는 기대 이상이 될 것이다. 이것이 유머가 주는 힘이다.

열째, 일보다는 사람이다

사람부터 중시해라. 훌륭한 인재를 길러내는 것은 가장 큰 성과다. 일을 위해 조직이 있는 것이 아니라 사람을 위해 조직이 있다. 사람이야말로 가장 훌륭한 시스템이다. 사람이 갖추어지면 나머지는 저절로 이루어질 것이다. 사람에 대한 투자, 관심, 배려가 흐르는 조직문화를 만들어라.

열한 번째, 변화는 경쟁력이다

변화를 두려워하지 말아야 한다. 변화는 조직변화의 선봉장이다. 변화하지 않으면 변화의 희생이 된다. 조직은 원하든 원하지 않든 변화의 물결에 휩쓸리게 되어 있다. 변화의 물결에서 살아남는 비결은 먼저 변화를 리드해 나가는 일이다.

시장의 흐름과 미래를 예측할 수 있는 변화관리 프로그램을 구축하는 것이 조직문화를 바람직한 방향으로 이끄는 일이다.

Refined Humor Stretching

유머경영 도입 시 발생하는 8가지 장점

● 유머보다 더 훌륭한 서비스는 없다

　유통업계에서 고객만족 팀을 이끌고 있는 모 팀장은 자칭 유머전도사다. 유머보다 더 훌륭한 서비스는 없다는 것이 그의 서비스 철학이다. 그의 비전은 정기적으로 유머교육을 활성화하며 국내 최고의 유머경영기업으로 성장하는 것이다.

　또한, 그는 유머 최고경영자(CEO: Chief Executive Officer)가 되는 게 꿈이다. 그러던 어느 날 사장을 비롯한 중역들 앞에서 그동안 유머기업에 대한 조사 보고서를 발표한 그 팀장은 사장의 전폭적인 지지를 받았다.

　"좋아. 자네 뜻대로 우리 기업도 이제는 유머기법을 구축해 보자고. 앞으로 중역진도 자네를 도와서 우리 직장이 일과 놀이가 공존하는 웃음 넘치는 직장을 만드는데 적극 협조할 겁니다."

　"감사합니다. 반드시 변화해 가는 기업문화, 웃음과 열정, 생산성이 향상되어 가는 조직으로 바꾸어 놓겠습니다."

그는 드디어 자신의 유머철학을 기업에 뿌리내릴 수 있게 된 것에 대한 자부심으로 들떠 있었다. 그는 다음날 사장의 특별 지시로 전 직원을 대상으로 '웃음과 유머가 넘치는 기업문화'를 주제로 특별 강연을 했다. 그는 이 강연에서 유머가 가득한 기업이 가져오는 성과에 대하여 그동안의 연구결과와 앞서 가는 기업들의 사례를 중심으로 열변을 토했다.

유머경영을 도입하면 다음과 같은 이점들이 있어 경쟁력을 강화시킬 수 있다는 것이다.

첫째, 조직의 벽이 사라진다

부서 간의 커뮤니케이션이 원활해지고 신뢰감이 높아지며 믿고 일할 수 있는 분위기를 제공한다. 직장에 대한 만족도가 높아지면서 안정감을 갖고 일할 수 있는 심리적인 모티브를 제공한다.

둘째, 업무향상을 가져온다

믿고 재미있게 일한다는 것은 능력을 마음껏 발휘한다는 것이다. 사람은 심리적으로 웃음이 있는 사람 앞에서는 마음이 쉽게 열리게 되어 있다. 웃음이 넘치는 상사의 앞에서 자신을 숨기며 뒷걸음질치는 사람은 그리 많지 않을 것이다. 일단 마음이 열린다는 것은 열정적으로 일할 수 있는 여건이 조성되어 있음을 말한다.

셋째, 직원들의 스트레스를 없앤다

웃으면서 일하는 상사 밑에는 스트레스가 상대적으로 적다는 통계는 이미 보편화되어 있다. 그러나 죽상으로 직원들을 들볶고 웃음마저 찾아볼 수 없다면 언제나 기회가 되면 떠날 준비를 하는 것이 부하 직원들의 속성이다.

훌륭한 일터는 유머 있는 상사가 만들어 주는 것이다. 상사의 유머는 그런 의미에서 스트레스를 죽이고 활력소를 불어넣는 촉진제가 될 것이며 퇴근 후 가정에서 상사의 유머를 갖고 웃음을 꽃피게 하는 감염효과를 낳게 된다.

보험회사에 다니는 내 친구 중의 하나는 자신이 모시고 일하는 상사 분이 유머와 끼가 흘러 넘친다고 항상 자랑한다. 집에서 쉬면서 그 상사에게 전화를 걸어 집사람에게 들려주고 싶은데 엊그제 들은 유머가 생각나지 않는다고 졸라댈 만큼 이제는 친근한 사이가 되었다고 자랑할 정도이고 보면 그들이 일하는 조직의 분위기는 부러울 정도. 역으로 말하면 상사의 죽상은 일터를 망치고 직원들에게 스트레스나 몰고 오는 주범이다.

넷째, 솔직한 대화가 가능하다

개방적인 조직은 무엇이 다른가? 웃음이 넘치는 조직은 어떠한 특성이 있는가? 유머가 있는 기업에서 무엇을 배울 수 있는가? 이들 기업의 공통점은 동료 간, 상사나 부하 간의 솔직한 대화가 가능하다는 것이다. 유머는 옷을 벗게 한다. 어둡고 감추고 싶은 것이 많을수록 폐쇄적인 조직이다. 상사의 유머는 믿음을 주고 마음을 열게 하며 진실을 토할 수 있는 일터를 만든다.

다섯째, 창의성을 자극한다

현대기업이 죽고 사는 문제는 아이디어에 달렸다. 아이디어는 창의성에서 나온다. 창의성은 머리에서 나오는 것이 아니라 마음에서 나온다. 마음을 여는 것은 이성이 아니라 감성이며 논리가 아니라 웃음이다. 웃음이 넘치는 조직은 창의성이 넘치며 각자의 끼를 발휘하게 한다.

한 개인의 창의성은 조직 전체를 먹여 살리고 한 나라를 살릴 수 있는 엄청난 부가가치를 만들어 낼 수 있다. 이러한 에너지를 가능하게 만드는 것이 조직문화에 달렸다면 여전히 연공서열이나 노래하고 근속연수에 따라 대우받기를 기대하지는 않을 것이다. 이건희 회장이 주장하는 천재경영론이 바로 이것이다. 한 명이 삼성 전체를 먹여 살릴 수 있는 일꾼을 찾아내라는 그의 외침은 비단 삼성의 문제만은 아니며 지금 당신이 몸담고 있는 조직의 문제다. 개인이나 팀의 혹은 조직의 창의성을 높이고 싶은가. 그렇다면, 유머의 힘을 지금 당장 사용해 보라.

여섯째, 동료애를 발휘하게 한다

동료애는 팀워크를 의미한다. 팀워크가 좋다는 것은 단지 일할 수 있는 분위기가 좋다는 것 이상의 의미가 있다. 팀워크가 좋다는 것은 곧 기업이 원하는 생산성을 의미하기 때문이다.

웃음이 돈을 벌어준다는 말은 사실이다. 그것은 보이지 않게 작은 소리로 외쳐 댄다. "나는 너희 회사의 비용을 줄여 주는 마술꾼이다. 항상 나를 붙들어 두라. 그러면 보이지 순간에 생산성이 향상될 것이다." 유머 있는 상사는 유머를 구사할 수 있다는 것만으로도 신나는 일터를 만드는 전문가가 된 셈이다.

일곱째, 동기를 부여한다

상사의 유머와 여유는 직원들에게 자발적인 참여를 이끌어 내고 능동적인 동기를 심어 준다. 주어진 일을 하는 것과 일을 재미있게 하며 새로운 일을 만들어 부가가치를 만들어 내는 일과는 차이가 있다. 웃음은 잠자는 능력을 밖으로 분출시킨다.

직원들의 잠재력을 발휘하도록 하는 것은 월급이나 인센티브와 같은 물리적인 보상 말고도 정서적으로 행동하게 하는 요인들이 있다. 그것이 바로 유머다. 그러한 의미에서 유머는 만병통치약이다.

여덟째, 직장에 대한 만족도를 높인다

일과 직장에 대한 만족도가 높으면 그만큼 직원들은 열성적으로 일할 것이다. 궁극적으로는 행복한 직원을 만들어 나가는 일이 기업이 성장하는 일이며 고객을 만족시킬 수 있는 요인이 된다. 직원이 행복해야 고객이 행복하며 고객이 행복할 때 기업의 발전은 보장받는 것이다. 즉, 만족한 직원이 만족스러운 고객을 창출하고 만족한 고객은 다시 직원의 직무만족을 강화하게 된다는 것이다.

이 같은 결과는 고객만족도가 높은 매장에서 근무하는 직원의 이직률이 고객만족도가 낮은 매장에서 근무하는 직원의 이직률보다 낮다는 조사결과와 맥락을 같이하는 것이어서 더욱더 주목된다. 즐겁게 신나게 일하고 싶은 욕구는 누구나 갖고 있다. 이것은 제도적인 문제이면서 동시에 정서적인 문제이기도 하다.

상사의 유머 한마디가 직장 분위기를 바꿀 수 있다면 직원들의 애사심은 높아갈 것이며, 직장에 대한 만족도는 상대적으로 커질 것이다. 이것이 유머의 힘이다.

직장 내 왕따 극복하는 법 *Tip*

◈ 작은 것이라도 칭찬한다.
◈ 유머로 결속력을 다진다.
◈ 경쟁자보다는 동반자 이미지를 심는다.

◈ 작은 것이라도 칭찬한다.

◈ 불만을 들어주는 멘토가 된다.

◈ 노는 방법을 같이 연구한다.

◈ 때로는 상사를 같이 욕한다.

◈ 사적인 관심거리를 나눈다.

◈ 가정, 자녀문제에 대하여 걱정을 같이한다.

◈ 일터를 행복한 무대로 함께 만들어 나간다.

Refined Humor Stretching

즐겁고 행복한 일터를 만들기 위한 6단계 과정

● 유머가 경영전략이다

  혁신적인 기업문화를 도입하고 유머경영을 실현하여 기업, 직원, 고객 모두가 행복한 일터를 만들기 위해서는 다음과 같은 단계를 거쳐야 한다.

첫 번째 단계, 팀장부터 유머를 구사해야 한다

  팀장의 유머 한마디는 순식간에 얼어붙은 조직을 녹여 나갈 수 있는 마력이 있다. 직원들에게 신뢰감을 주고 비전을 심어주는데 더할 나위 없는 영양제이기 때문이다. 직원들은 자신이 몸담고 있는 조직이 개방적이고 자유롭다고 느낄 때 헌신적으로 일하며 그 조직에 오래 머물기를 원한다.

  직원들에게 동기를 심어주는 것은 물질적인 보상만이 아니라는 것을 잘 보여 주는 사례다. 팀장의 유머 있는 태도는 직원들에게 충성심을 불러일으키고 편안하고 신뢰할 만한 일터를 만드는 역할을 한다. 대통령의 유머가 국민에게 희망을 주고 믿음을 주듯이 사장의 유머는 직원과 그 가족, 그리고 고객에게 만족감과 즐거움을 주어 부드러운 조직문화를 가꾸어 나가게 할 것이다.

두 번째 단계, 유머문화를 가꾸어야 한다

유머기업이 되기 위해서는 무엇보다도 유머문화가 뿌리 내려야 한다. 유머가 존중되고 자유로운 일터가 보장되지 않으면 유머경영은 불가능하다. 아무리 직원들의 끼가 뛰어나고 유머감각이 넘친다 해도 자유롭게 이를 표현할 수 있는 조직문화가 뒷받침되지 않으면 유머기업이라고 볼 수 없다.

유머경영은 고객 지향적인 사고를 갖고 사장부터 말단 직원에 이르기까지 유머문화가 몸에 배어야 가능한 일이다. 단순히 즐기고 웃음이나 연출하는 것은 아무런 성과를 낼 수 없을 것이다. 유머문화는 칭찬과 감사, 그리고 인사, 서로 아끼는 동료애가 뿌리내릴 때 가능한 것이다.

세 번째 단계, 유머경영 시스템을 구축해야 한다

유머경영의 성패는 시스템을 구축하고 있는가의 여부에 달렸다. 이는 놀이가 아니라 재미를 통한 성과 창출이기에 성과를 극대화하고 즐거운 일터를 구축할 수 있는 시스템을 유지할 수 있을 때 유머경영은 성공적으로 뿌리 내릴 수 있다.

직원을 즐겁게 하고 고객을 행복하게 하는 펀(Fun) 요인은 즉흥적인 위트나 일시적인 웃음으로 해결될 문제가 아니라 제도적으로 뿌리내리고 하나의 시스템으로 정착될 수 있을 때 가능하다. 직원들의 입에서 유머가 나오는 것이 아니라 시스템에서 유머가 나올 수 있을 때 그 기업의 유머경영은 뿌리를 내릴 수 있다.

네 번째 단계, 직원부터 웃겨라

유머경영의 핵심은 직원을 즐겁게 하는 것이 아니라 고객을 만족시키고 부가가치를 창출해 나가는 일이다. 그런데 고객을 즐겁게 하는 것은 바로 직원이다. 그래서 직원만족 없이 고객만족 또한 없다고 한다. 행복한 직원이 행복한 기업을 만든다. 행복한 직원이 행복한 고객을 만든다.

직원이 불만족을 느끼는 상황에서 고객만족은 기대할 수 없다. 유머경영이란 일련의 재미와 웃음을 전달하여 고객만족을 추구하는 일이며 그 과정은 직원이 관여하기 때문이다. 따라서 기업에서는 직원의 근무 조건을 체크하여 만족스러운 근무 여건을 조성해 나가야 한다.

따라서 유머경영을 실현하고 고객만족을 실현하기 위해서는 이제 직원에 대한 개념부터 바뀌어야 한다. 일하고 나로부터 월급을 받아 가는 사람이라는 전근대적인 발상을 버려야 한다. 직원은 1차적으로 만족시켜야 할 대상이며 내부 고객이라는 경영 개념에 기초

한 발상의 전환을 가져야 한다.

내부 고객인 직원만족이야말로 유머경영의 핵심이라 할 수 있다. 따라서 유머경영 철학은 직원만족에 그 뿌리를 두고 있음을 깨달아야 한다.

다섯 번째 단계, 고객을 유머로 유인해야 한다

유머경영의 전제는 고객만족이다. 고객만족으로 연결되지 않는 경영은 의미가 없다. 기업이 존재하는 궁극적인 이유는 고객만족을 통하여 부가가치를 얻는 데 있기 때문이다. 그러므로 아무리 훌륭한 경영기법이라 해도 고객만족을 이루어 내지 못하면 미래가 보장되지 않는다. 그러므로 고객의 마음을 얼마나 사로잡느냐가 관건이다.

경영컨설턴트 폴레베스크는 고객이 감탄할 수 있는 즐거운 비명을 '우(Wow)'하고 소리치도록 서비스를 제공할 것을 권한다. 감탄요인(Wow Factor)을 계속 유지하기 위해서는 감탄을 창조하는 공장인 감탄공장(Wow Factory)을 가동시켜야 한다.

중요한 점은 이 감탄스러운 요소가 고객을 행복하게 만들지만 그다지 특별한 노력을 들이지 않고, 고객이 만족하는 상태에서 그저 중요하지 않은 사소한 것들 몇 가지만 추가하면 된다는 점이다. 만족을 기쁨이나 감동으로 전환하는 일은 아주 적은 노력에 의해서도 충분히 가능하다고 그는 강조한다.

여섯 번째 단계, 개방적인 조직을 구축해야 한다

유머경영은 상의 하달식의 전통적인 피라미드 조직에서는 힘을 발휘할 수 없다. 고객을 중시하고 일선 직원의 권위와 가치가 존중될 때 비로소 유머경영은 뿌리내릴 수 있다.

유머경영을 도입하기 위해서는 기존의 조직을 직원중심, 고객중심으로 바꾸어 나가야 한다. 서열이 존중되고 그것에 의하여 의사결정이 이루어지는 전통적인 조직문화는 다양성의 시대에 창의성을 계발하는데 오히려 역작용을 한다.

엄숙주의를 타파하고 개개인이 갖고 있는 끼와 능력을 발휘하게 하고 재미와 일이 공존하는 조직문화를 구축하기 위해서는 경직된 조직문화를 웃음이 넘치는 조직으로 변화시켜야 가능하다.

국내 기업들의 유머경영은 단순히 이벤트성에 그칠 뿐, 기업 문화로 정착하지는 못하는 아쉬움이 있다.

유머경영은 단순히 웃고 즐기는 것으로 끝나는 것이 아니라 그런 과정을 통하여 갈등을 해결하고 신뢰문화를 만들어 나가는 일이다. 따라서 구성원과 조직을 변화시켜 성과를 창출해 나가는 데 있다고 볼 수 있다. 그러기 위해서는 경영혁신 차원에서 조직문화를 개선하고 창의적인 일터를 만들어 나갈 수 있는 시스템을 구축해 나가야 한다.

일부 기업에서처럼 CEO 한 사람의 옷차림이 달라지고 일회적인 쇼맨십은 결코 유머경영이라고는 볼 수가 없다.

바람직한 유머경영은 신뢰, 재미, 웃음, 유머를 바탕으로 조직의 목적달성과 성과창출에 기여할 수 있어야 한다.

Refined Humor Stretching

5장 팀장유머스트레칭

인기 있는 팀장의
유머스트레칭 비결

¤ 팀원을 스스로 움직이게 하는 팀장유머지침

How to Improve the Morale with a Word!

팀원이 열변을 토하게 해라 / 간단하고 재미있게 말해라 / 신바람 나는 회의를 이끌어라 / 질문의 수준을 높여야 한다 / 칭찬으로 작두를 타게 해라 / 사내 웃음클럽을 만들어라 / 유머헌장을 만들어라 / 무재칠시(無財七施)로 직원들을 춤추게 해라 / 웃음 없는 팀원은 추방해라 / 헐떡이는 팀원들에게 유머를 먹여라

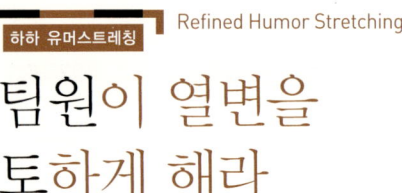
Refined Humor Stretching

팀원이 열변을 토하게 해라

● 경청의 3가지 기술

딜레마에 빠져 있는 팀장의 사기를 심어 주고 존경 받는 팀장으로 거듭나는 방법은 무엇인가. 부하들이 팀장을 존경하며 유쾌하고 재미있게 일할 수 있는 직장을 어떻게 만들 수 있을까? 일과 놀이가 공존하며 웃음과 유머가 흐르는 직장문화를 어떻게 구축할 수 있을까? 어떻게 재미와 일을 하나로 만들어 나갈 수 있을까?

존경받는 팀장, 비전 있는 팀을 만드는 비결이 여기에 있다. 이제부터 유머로 코칭해라.

업무의 성패를 좌우하는 것은 머리가 좋고 나쁨이 아니다. 예외일 수는 있지만 머리가 성공과 행복을 좌우하는 것은 극히 제한적이다. 그렇다면, 조직 내에서 개인이 성공하고 팀이 성공하는 비결은 무엇인가? 바로 커뮤니케이션이다. 그럼 말 잘하는 팀장은 누구인가? 그것은 우선 들어주는 사람이다. 직원들은 자신의 이야기를 들어주는 사람에게 마음을 열게 되어 있다.

"뛰어난 리더는 듣는데 전념하지만 소인은 말하는데 전념한다."라는 말이 있다. 플라톤은 "현명한 사람은 반드시 해야 할 말이 있기 때문에 말한다. 바보는 뭔가 말을 해야 하기 때문에 말한다."라고 했다.

어느 농사꾼이 외동딸을 서울로 보내 공부시켰다. 그의 유일한 희망은 딸 하나 잘되기를 바라는 마음으로 사는 것이다. 그런데 방학 때 딸아이가 내려와 아버지 앞에서 울면서 말했다.
"아부지, 지가 홀몸이 아니구만유."

이 말을 듣고 화가 치밀어 오른 아버지가 참다못해 뺨을 때리며 말했다.
"뼈 빠지게 고생해서 서울로 대학까지 보냈더니 아직도 사투리를 못 고친 게야!"

딸아이가 사투리 고치지 못한 것이 화날 일인가? 아니면 어린 나이에 바람을 펴 애를 밴 것이 화날 일인가? 제대로 듣는다는 것이 무엇을 의미하는지 잘 보여 주는 사례다.

리더십을 발휘해야 할 때는 자기 이야기만 늘어놓아서는 안 된다. 우선 들어주는 것이 설득하는 길이다. 팀원들이 겪는 갈등이나 개인적인 문제에 귀 기울여 보라. 아마 그들은 당신을 친 형님이나 언니, 누님처럼 믿고 따를 것이다. 자기 이야기를 정성껏 들어주는 사람에게는 귀를 열게 되어 있다.

어느 회사에 암산을 잘하기로 소문난 직원이 있었다. 그는 어떤 문제도 척척 맞춰 나갔다. 직원들끼리 내기만 하면 언제나 그는 이겼다. 이 소문을 듣고 어느 신입 여직원이 그 선배에게 도전했다. 드디어 많은 직원이 지켜보는 가운데 게임이 시작되었다.

"선배님, 우선 제 말을 잘 들어야 합니다."

"걱정 붙들어 매라구."

"자 그럼, 문제 나갑니다. 버스에 승객 다섯 명이 탔어요. 첫 번째 정거장에서 세 명이 내리고 여섯 명이 탔어요. 그리고 두 번째 정거장에서 두 명이 내리고 열 명이 탔어요. 그리고 세 번째 정거장에서 7명이 타고 세 명이 내렸어요. 다음 정거장에서는 두 명이 내리고 일곱 명이 탔어요. 그 다음 정거장에서는 여섯 명이 내리고 아홉 명이 탔어요…."

"알았어. 답을 말해 볼까?"

"그래요. 이 버스가 지나간 정거장은 모두 몇 정거장이죠?"

순간 그 암산왕은 식은땀을 흘리기 시작했다. 그는 버스에 탄 승객만을 계산했는데 그녀가 물은 문제는 정거장이 몇 정거장인가 하는 문제였다.

경청을 게을리하면 직원들을 제대로 코칭하고 관리할 수 없다. 이런 문제는 듣는 것이 곧 답이 된다. 팀장이 코치역할을 제대로 하기 위해서는 자신의 경험이나 회사의 규정을 들먹이기 전에 우선 제대로 관심 있게 듣는 자세가 중요하다.

그렇다면, 성공적인 경청을 하기 위해서는 어떻게 해야 할까? 여기에 ABC 법칙이 있다.

우선, 팀원에게 웃음이나 유머로 접근(Approach)한다. 대화의 성패는 대화의 장소나 시점이 중요하다. 출근하는 직원 붙들어 놓고 아무리 좋은 얘기해도 설득력이 없다. 적당한 장소와 주제, 그리고 시간을 선택하여 팀원에게 다가가는 것이 먼저다. 유머는 윤활유다. 하지만, 그 윤활유를 제대로 사용하지 않으면 고인 기름덩어리에 불과하다. 오히려 기계를 마손시키는 역할만 할 것이다. 세련된 유머를 던져라. 그리고 부하들의 마음을 열어라.

둘째는 팀원들과 심리적인 거부감을 없애는 다리를 놓아야(Build bridge) 한다. 팀장이 전달하려는 메시지보다 더 중요한 것은 신뢰형성이다. 팀원들은 팀장의 말재주나 리더십 기술을 보고 따라오는 것이 아니라 신뢰성이 있기 때문에 따라오는 것이다. 부하들과 다리를 놓는 말에는 이런 것들이 있다.

- 수고했어.
- 잘하는군.
- 오늘 멋져 보이는데.
- 이 보고서는 매우 훌륭해.
- 언제 식사나 같이하지.
- 뭐 좋은 일 있나?

세 번째는 팀원의 욕구에 맞는 맞춤식 기법(Customization)**을 활용하는 것이다.** 모든 팀원들의 욕구가 동일한 것은 아니다. 개개인의 바람과 비전, 개인적인 문제를 잘 파악하고 접근하는 것이 성공적인 팀장의 코칭 기법이 될 수 있다.

성공하는 팀장은 부하를 코칭할 때 다음과 같은 말을 자주한다.

- 오늘 기분 좋은 일 있어?
- 자네를 보니 저절로 힘이 나는 것 같군.
- 뭐든지 말해 봐, 내게 못할 말이 어디 있어.
- 난, 자네 편이야!
- 자네가 우리 팀의 버팀목이야!

◈ 아이들은 잘 크지?

◈ 아, 그렇군. 그래서? 그렇지! 맞아! 역시 자네야!

◈ 자네 심정 잘 알겠네. 나 같아도 그렇겠는데!

◈ 우리 언제 소주나 한잔하지. 단둘이서 말이야.

◈ 계속 말해 보게. 아, 그랬었군. 그럼 앞으로 같이 고민해 보자구.

하하 유머스트레칭 Refined Humor Stretching

간단하고
재미있게 말해라

● 유머화법을 구사하는 남다른 기술

　유머는 강력하면서 돈이 들지 않는 가장 확실한 의사소통수단이다. 회의나 프레젠테이션에서 말을 많이 하는 사람은 능력이 부족한 사람이다. 말을 적게 말하는 사람도 무언가 부족한 사람이다. 말이 많으면 지루함을 주고 핵심을 잃기 쉬우며 반대로 말이 적으면 준비가 부족하다는 느낌이 들 수 있기 때문이다. 그렇다. 핵심적인 내용을 간단하게 하는 것이다. 고수는 여기에 유머를 실어 나른다. 유머로 포장한다는 말이다.

　이게 유머화법이다. 어떤 이는 그저 유머 몇 마디만 던졌는데도 쌍방이 웃으면서 화해하고 계약이 성사되는 경우를 본다. 유머는 메시지를 실어 나르는 완벽한 의사소통 도구이기 때문이다. 그러므로 재미있게 말하는 훈련이 필요하다. 인간관계나 의사소통의 질을 결정하는 것은 지식이나 학력이 아니다.

　그것은 바로 언어의 힘이다. 말을 재미있게 한다는 것은 단지 웃음을 자아내고 인기를 끄는 것을 의미하지는 않는다. 바로 설득력을 높이고 자신의 주가를 높여 나가는 것을 의미한다.

화법 중에 2S1W 화법이 있다. 대화는 짧고(Short), 소금 맛나듯(Salt), 재미있게(Wit) 말하라는 뜻이다.

어느 공원에 이런 푯말이 붙어 있었다.
"여기서 침 뱉으면 10만 원의 벌금을 내야 합니다."

어떤 관광객이 무심코 침을 뱉었다. 그런데 공원관리인이 달려오더니 "여기서 침 뱉으면 10만 원의 벌금을 내야 합니다."라면서 그에게 벌금을 내라고 소리쳤다.

침 뱉은 사람은 나는 침을 뱉은 적이 없다고 버티자 두 사람은 뱉었다, 안 뱉었다 하며 싸우기 시작했다. 한참 싸우다 공원관리인이 증거를 들이댔다.

여기 이거 당신이 침 뱉은 것은 무엇이냐고 물었더니 그 관광객은 다음과 같이 말했다.
"이건 흘린 건데요."

유머는 설득이며 자기의 완벽한 표현이다. 재미있게 말하면 그게 곧 돈이 되는 것이다.

어느 식당에 단체손님이 식사를 마치고 나가는데 어느 아주머니가 계산을 했다. 사장님은 고맙다는 뜻으로 이렇게 말했다.
"아주머니는 마돈나이십니다."

그 아주머니는 기분이 좋아 집으로 가다 다시 식당을 돌아왔다. 왜 자기보고 마돈나라고 말했는지 그 식당 사장에게 확인하고 싶었다.
"그런데 사장님, 제가 마돈나인 것을 어떻게 아세요?"
"네, 마지막 돈 내고 나온 여자잖아요."

식당 사장의 재미있는 말 한마디에 그 여인은 평생 단골고객이 되었다. 이처럼 유머 한마디는 고차원의 설득기술이 되고 전략이며 상대를 내 편으로 끌어들이는 인간관계의 노하우가 되는 것이다.

그렇다면, 어떻게 재미있게 말할 수 있을까?

⬢ 귀로 듣지 않고 마음으로 듣는다.
⬢ 신뢰감부터 형성한다.
⬢ 질문을 자주한다.
⬢ 말하기보다는 경청에 주력한다.
⬢ 스토리텔링(Storytelling) 기법을 활용한다.
⬢ 감정이입법을 활용한다.
⬢ 좌뇌로 생각하고 우뇌에 호소한다.

◈ 유머를 통하여 메시지를 전달한다.
◈ '나'보다는 '우리'를 강조한다.

팀장의 유머가 넘치면 그것만으로도 조직문화는 개선된 것이다. 재미있게 말하고 즐겁게 일하는 풍토는 팀장의 손에 달렸다. 이제는 유머화법을 구사하는 리더로 거듭나야 한다. 유머는 단지 우스갯소리가 아니다. 그 안에 심오한 메시지가 들어 있음을 보라.

혹시 당신은 회의 시간에 줄줄이 사탕 먹듯 혼자 얘기만 하는 웃기는 팀장인가? 그거야말로 진정 팀원들을 웃기는 일이다. 그런데 그 웃음의 각도가 한참이나 빗나갔다. 하하하하!

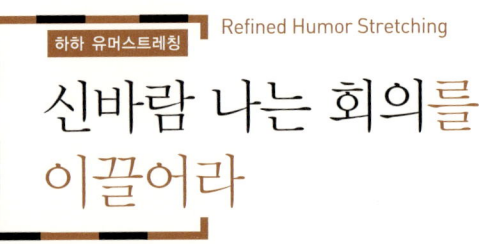

● 즐거운 회의로 창의성을 자극해라

　회의가 즐거운가 하고 물으면 아마도 대부분의 사람은 아니오 하고 말한다. 그 조직이 열려 있는가, 아니면 닫힌 조직인가를 보는 척도는 회의문화에 있다는 보고가 있다. 회의는 즐거워야 한다. 즐겁지 못한 회의는 그저 형식에 지나지 않는다.

　일부 유머경영전략을 채택하고 있는 기업에서는 유머회의팀을 운영한다. 그들에게는 옷차림이나 일과에 얽매이지 않게 하고 자유롭게 토의하고 아이디어를 내게 한다.
　그래야, 아이디어가 나오고 생산적인 의견이 교류된다. 권위주의적인 문화일수록 회의는 일방적이고 따분하다. 즐겁게 놀면서 하는 회의는 불가능한가? 유머경영을 도입하고 있는 기업들의 공통점은 회의문화부터 바꾼다. 자유롭게 의사를 표현할수록 창의성은 뛰어날 수밖에 없다. 그리고 그 창의성을 자극하는 것이 바로 유머라는 것이다.

    신바람 나는 회의를 이끌어 가기 위해서는 다음과 같은 아이디어들을 활용할 수 있다.

◈ 회의 첫 마디에 유머로 분위기를 리드한다.
◈ 회의에 참석하는 사람들의 복장을 자유롭게 한다.
◈ 서열을 뛰어넘는 토론문화를 만들어 간다.
◈ 회의장 분위기를 만화, 그림, 향기 등으로 다양하게 꾸민다.
◈ 먹으면서 회의한다. 함께 어울려 먹으면 일체감을 더할 수 있다.
◈ 유머화법을 활용하여 유머로 메시지를 담아 전달하도록 한다.
◈ 부하가 회의를 리드해 본다.
◈ 가장 활기차게 회의를 이끈 사람에게는 트로피를 준다.
◈ 회의실에 재미있게 부를 수 있는 이름을 붙인다.

    회의는 즐거워야 한다. 여기에 누구나 공감한다. 그러나 여전히 회의는 무겁게 느껴지고 긴장되고 딱딱한 분위기가 대부분이다. 게다가 형식적인 경우가 허다하다. 이것은 분명 낭비다. 즐겁지도 못하면서 시간을 허비한다면 이것이야말로 고역이다.

    어느 회사의 회의실. 진지하게 토론이 벌어지고 있는데 갑자기 여직원 한 명이 배가 아프기 시작하더니 방귀가 나오려고 난리가 났다. 그렇다고 사장 앞에서 체면 구기고 방귀를 뀔 수도 없고, 참

다못해 이 여직원은 꾀를 냈다. 사장이 뭘 물어보면 크게 대답하면서 방귀를 뀌어야겠다고. 마치 사장이 그 여직원에게 뭘 물어보았다. 여직원은 때는 이때다 하며 크게 대답하며 방귀를 뀌었다. 그랬더니 사장이 놀라면서 하는 말.
"미스 김, 다시 한 번 말해 봐."
"네?"
"방귀 소리 때문에 아무것도 못 들었거든."

유머와 웃음은 상대의 마음을 열고 서로 긴장을 풀어 주는 마약 효과가 있다. 게다가 창의적인 다양한 아이디어를 쏟아 내게 한다. 회의장에서 웃음이 나오고 유머가 거래되는 회사, 이것이 유머경영이다.

멋진 유머를 구사하고 싶은데 팀원들이 웃지 않을까 걱정된다고? 그러면 좀 더 유머가 있는 직원에게 발언권을 먼저 주어라. 그리고 그의 유머를 갖고 분위기를 리드해 보라.
서로 마주보고 웃는다는 것, 이것이 곧 생산성이다. 정말이라니까. 하하하하!

Refined Humor Stretching

● 질문의 마력이 팀원들의 업무수준을 높인다

    유능한 팀장은 말을 잘하는 것이 아니라 뛰어난 질문기술이 있다. 팀장의 수준 있는 질문이 수준 높은 팀원으로 만든다. 팀장의 질문 수준이 팀원들의 업무수준을 높인다.

    질문 리더십의 대가인 도르시 리즈(Dorothy leeds)는 다음과 같이 질문의 마력을 말하고 있다.

⬖ 질문하면 답이 나온다.

⬖ 질문은 생각을 자극한다.

⬖ 질문을 하면 정보를 얻는다.

⬖ 질문하면 통제된다.

⬖ 질문은 마음을 열게 한다.

⬖ 질문은 귀를 기울이게 한다.

⬖ 질문에 답하면 스스로 설득이 된다.

이 얼마나 놀라운 질문의 효과인가. 굳이 다른 리더십 기술이 필요 없어 보인다. 이처럼 질문의 마력을 알고 팀원들에게 접근한다면 더 수준 높은 질문을 만들어 나갈 수 있다.

어느 개 주인이 사랑하는 애견을 훈련소에 보냈다. 그의 꿈은 명견을 소유하는 것이었다.
한 달간 훈련을 마치고 개가 돌아왔다. 그 주인은 얼마나 훈련을 잘 받았는지 시험해 보기로 했다.
"덧셈은 배웠니?"
"멍멍."
"뺄셈은?"
"멍멍."

강아지는 신나게 고개를 흔들며 대답했다.
"그럼, 외국어는?"

이 말에 강아지는 이렇게 대답했다.
"야옹."

데일 카네기는 문제해결에 네 단계 질문을 통하여 문제를 스스로 해결하곤 했다.

첫째, 문제가 무엇인가?

둘째, 무엇이 원인인가?

셋째, 가능한 해결책은 무엇인가?

넷째, 최선의 해결책은 무엇인가?

질문은 그 대상이 나 자신이든 팀원이든 문제를 해결해 나가는 가장 좋은 지름길이다. 팀원에 대한 코칭기법에서 제대로 질문하는 법을 활용하는 것이 필요하다. 팀원들에게 코칭하는 질문법에는 크게 두 가지 유형(개방형 질문기법과 폐쇄형 질문기법)이 있다.

첫째는 개방형 질문이다. 이 질문법은 팀원들에게 풍성한 답을 요구하며 사고와 통찰력을 자극한다. 유연한 조직이나 팀원의 입장을 고려하는 기업문화를 갖고 있는 분위기에서 쉽게 활용할 수 있는 질문법이다. 단지 답을 요구하는 일방적이고 수직적인 체계가 아니라 함께 문제를 해결하고 동참시키는데 적용될 수 있다. 개방형 질문의 대표적인 유형으로는 다음과 같은 기법이 있다.

⬢ ○○○에 대하여 어떻게 생각하나?

⬢ 이러한 문제의 원인은 무엇이라고 보는가?

⬢ 그 문제에 대하여 더 설명해 줄 수 있는가?

⬢ 왜 그렇게 생각하는 거지?

이러한 개방형 질문에는 답이 없다. 팀원들의 다양한 사고를 자극하며 참여를 유도하는 것이 목적이다.

둘째는 폐쇄형 질문이다. 예를 들면 이 문제에 찬성하는가? 언제 만날까? A안이 좋은가, B안이 좋은가? 식으로 Yes나 No를 요구하는 폐쇄형 질문기법은 지양해 나가야 한다.

"소크라테스는 언제 사람이죠?" 이렇게 물으면 이는 폐쇄형 질문이다.

그러나 "소크라테스 하면 무엇이 생각납니까?"라고 물으면 이는 다양한 사고를 자극하는 개방형 질문이 된다.

유능한 팀장은 개방형 질문으로 팀원들을 끊임없이 자극하고 코칭해 나가는 기법을 배워 나가야 한다.

"소크라테스의 부인은?"

"악처다."

이렇게 주고받는 대화는 폐쇄형 질문이다.

그러나 "소크라테스 부인은 왜 악처가 되었을까?"

"매일 소크라테스가 너 자신을 알라고 스트레스를 주었기 때문에."

이렇게 주고받는 질문은 개방형 질문이다.

● 칭찬이란 마약을 나누어 먹어라

유능한 팀장은 부하를 흥분시킨다. 열정으로 가슴을 뛰게 한다. 그러면 부하들을 흥분시키는 일은 무엇일까? 물론 은밀히 숨어서 먹는 마약은 말고. 게다가 간지럼을 태우는 일도 아닐 터고. 무당이 신이 오르면 작두를 탄다. 그 위에서 웃으며 뛰고 신나게 춤을 춘다. 무엇이 그 무당으로 하여금 작두를 타게 하는가.

팀장은 자신의 팀원들을 흥분시킬 수 있는 마약을 준비해야 한다. 그리고 언제든지 그 마약을 나누어 먹을 줄 알아야 한다. 그 마약의 이름은 칭찬이다. 그들은 돈이나 승진에 굶주려 있는 것이 아니라 인정받고 싶은 욕구, 칭찬받고 싶은 욕망에 사로잡혀 있다.

어떤 팀장은 이렇게 말한다.

"칭찬하는데 돈이 드는 것도 아닌데, 왜 칭찬이 힘들죠?"

대답은 간단하다. 평소에 칭찬하는 연습이 부족하고 익숙해져 있지 않기 때문이다.

어느 사무실에 여직원이 섹시한 미소를 지으며 커피를 들고 팀장에게 다가왔다.
"팀장님, 저처럼 예쁘고 말도 잘하고 일도 잘하면 네 자로 뭐라고 말하죠?"

그녀가 기대하는 대답은 '금상첨화'였다. 그러나 팀장은 망설이지 않고 과감히 말했다.
"과대망상?"
"아니 팀장님 저를 보고 제대로 말해 줘요."
"자화자찬?"

그녀는 힌트를 줬다.
"금자로 시작하는 거예요."
"아, 금시초문."

아마 이런 상황에서 팀장과 함께 일하는 여직원은 강심장이던가 얼굴이 꽤 두꺼운 경우일 것이다.

나폴레옹은 평소에 칭찬 받는 것을 꺼렸다고 한다. 그런데 어느 날 한 부하가 그에게 말했다.

"저는 장군님을 존경합니다. 제가 장군님을 존경하는 것은 장군님이 칭찬 받기를 꺼리는 그 마음이 존경스럽기 때문입니다."

이 말을 들은 장군은 매우 흡족했다고 한다. 그 역시 칭찬 받기를 꺼려서 존경한다는 칭찬에 약했던 것이다.

당신의 부하들은 돈에 굶주려 있는 게 아니다. 지금 당장 칭찬해라. 그것은 그들을 흥분시키는 일이며 당신과 팀을 위해 충성하게 하는 리더십이다.

"세상에 이렇게 아름다울 수가! 네 얼굴은 마치 로마의 신상 같구나!" 이 한마디에 의해서 마돈나의 운명이 바뀌게 되었다. 마돈나는 플린이라는 무용선생의 이 칭찬 한마디에 그야말로 작두를 타며 신명나게 춤추는 인생을 맞이하게 된 것이다.

먹고 잘 곳도 없는 한 청년이 파리의 어느 교외 커피숍에서 정처 없이 세월을 보내고 있다. 그는 당장 먹고 살길이 막막한 청년이었다. 제대로 옷을 살 수가 없었던 그는 틈나는 대로 옷을 스스로 기워 입어야 했다.

"어머, 그 옷 참 멋지네요. 어디에서 그런 옷을 구할 수 있죠?"

"네? 제가 스스로 만들어 입은 건데요."

"아, 그래요. 청년은 분명히 백만장자가 될 거예요."

이름조차 알 수 없는 한 여인의 칭찬 한마디에 그 청년은 정말 거짓말 같지만 작두를 타기 시작했다. 그 청년이 바로 피에르가르뎅이다.

삼성의 이건희 회장의 칭찬론은 이렇다.

◈ 2급 조련사는 채찍을 쓴다.
◈ 1급 조련사는 채찍과 당근을 쓴다.
◈ 특급조련사는 당근을 쓴다.

당신은 2급 팀장인가, 아니면 특급인가? 지금부터 직원들에게 당근을 먹여라. 물론 그들이 원숭이는 아니지만. 그렇다면, 특급 팀장들이 칭찬하는 기법에는 무엇이 있는가? 그들은 언제나 칭찬거리를 찾아 헤맨다는 것이다. 사소한 일일지라도 끄집어내어 칭찬하면 별 볼일 없어 보이던 직원들도 작두를 타게 된다는 것을 잘 알기 때문이다.

오늘부터 다음과 같이 연습해 보라. 그러면 당신은 분명 특급 팀장이 될 것이다. 그리고 명심해라. 부하들에게는 칭찬거리가 없는 것이 아니라, 칭찬하는 습관이 몸에 배지 않은 팀장들이 많다는 것을.

◈ 역시 자네는 유머 있어. 어떻게 그렇게 멋지게 말할 수 있지.
◈ 나도 자네처럼 재미있게 살고 싶어.
◈ 자네가 있어 우리 팀이 있는 거야.

◈ 자넨 뭘 입어도 어울린단 말이야. 그것도 복이라구.

◈ 역시 자네야!

◈ 그 아이디어는 사장님께서도 좋아할 것 같군.

◈ 자네 평판이 요즘 좋은 거 아나?

◈ 그래 훌륭한 생각이야. 나는 미처 거기까진 생각 못 했는데 말야!

◈ 자네의 그 탁월한 일솜씨가 우리 팀을 살린다구!

◈ 난 끝까지 자네하고 같이 가고 싶어.

그러나 칭찬에는 늘 따뜻한 마음이 담겨 있어야 한다. 그냥 형식적으로 던지는 말로 그치면 오히려 입만 살아 있는 말치레(립 서비스) 잘하는 팀장으로 찍힐 수 있다. 그렇게 되면 팀장의 권위는 땅에 떨어지고 신뢰성을 잃게 된다. 부하들의 장점을 찾아 주고 스스로 계발할 수 있도록 코칭해 나가는 것이 칭찬의 매력이다.

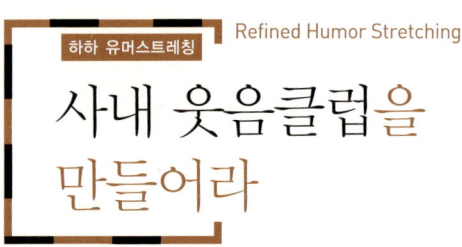

사내 웃음클럽을 만들어라

● 매일 아침 웃음기법을 생활화해 보아라

웃음은 나눌수록 커진다. 게다가 어울려 웃을수록 그 효과는 엄청나게 커진다.

"웃음소리는 울음소리보다 더 멀리 들린다."라는 독일 속담이나 "하느님 앞에서는 울어라. 그러나 사람들 앞에서는 웃어라."라는 유대인 속담, 이 모두가 웃음의 가치를 소중히 여기는 말이다.

이제는 사내에 웃음 클럽을 만들어 보는 것이 어떨까? 웃음을 나누자. 그것이 생산성을 향상시키고 즐거운 일터를 만들어 준다면 마다할 이유가 어디 있는가?

웃음클럽을 운영하는 방법에는 다음과 같은 것들이 있다.

◈ 주기적으로 웃음 스트레칭 대회를 연다.
◈ 가장 예쁘게 웃는 직원을 선발하여 웃음상을 준다.
◈ 웃음 복장을 별도로 마련하여 익살스런 분위기를 연출한다.

- 인트라넷에 유머사이트를 개설하여 시너지를 발휘하게 한다.
- 웃음강사를 별도로 둔다.
- 웃는 사진으로 인테리어를 장식한다.
- 재미있는 그림, 만화, 비디오를 비치하여 늘 스트레스를 풀 수 있는 공간으로 활용한다.

웃는 것은 능력의 문제가 아니라 습관의 문제라고 이미 말한 바 있다. 그리고 태어날 때부터 웃는 사람은 없다. 모두 울면서 태어났다. 죽을 때 웃으면서 죽는 사람도 없다. 모두 울면서 고통 속에 떠난다. 그런데 살면서도 마냥 울 수는 없질 않은가.

이제 웃는 연습이 필요할 때이다. 업무능력이 부족한 것이 아니라 웃음이 필요한 것이다.

매일 아침에 다음과 같은 웃음기법을 생활화하면 어느 조직이든 6개월 안에 웃음이 넘치는 조직으로 변할 것이다.

- 크게 웃는다.
- 나부터 웃는다.
- 어울려 웃는다.
- 억지로라도 웃는다.
- 웃을 일을 찾는다.
- 웃음의 가치를 소중히 여긴다.
- 사소한 일에서 웃을 수 있는 지혜를 익힌다.

문제는 팀장이다. 팀장이 웃음이 없다면 팀원들은 감독자 밑에서 일하는 것이나 다르지 않다. 그는 막 노동자를 부리는 십장에 지나지 않을 것이다. 그러한 직장은 감옥과 다를 바 없다. 그러나 웃는 팀장은 언제나 리더요, 선장이다. 웃어 보라. 그러면 저절로 배는 순풍을 만난 듯 순탄하게 지나갈 것이다.

그 웃음의 가치를 이제 아는가. 우리에게는 기적이 필요한 것이 아니라, 알고 보면 웃음이 부족한 것이다. 게다가 지식이 부족한 것이 아니라 웃음이 부족한 것이다. 하하하하…….

하하 유머스트레칭 — Refined Humor Stretching
유머헌장을 만들어라

● 재미있고 독특한 자신만의 기업문화를 찾아라

우리는 재미를 추구하여 성과를 창출하고,
우리는 자부심을 통하여 행복한 일터를 만들며
우리는 신뢰를 바탕으로 기업, 직원, 고객이 웃음 속에
하나가 되는 초일류 유머기업을 창출하여 세계에 도전한다.

훌륭한 일터를 만들어 나가기 위해선 신뢰, 재미, 자부심이 넘치는 직장문화를 만들어 가야 한다. 그러기 위해서는 이를 생활 속에 실천할 수 있는 지침이 필요하다.

단지 웃고 즐기는 것이 유머경영의 목표가 아니라 행복하게 일하면서 즐거운 성과를 창출해 나가는 것이 목표이기 때문이다. 이를 위해서는 유머경영헌장을 제정하여 실천할 수 있는 행동지침이 필요하다.

⬢ 유머는 힘이다.

◈ 웃음은 커뮤니케이션이다.
◈ 일터는 놀이터다.
◈ 재미는 성과다.
◈ 업무는 Show business다.
◈ 직원은 유머 쟁이다.
◈ 팀장은 유머 리더다.

생각해 보라. 웃음으로 생산성이 향상된다면 이 얼마나 놀라운 일인가. 그러나 꿈이 아니라 현실이다. 이런 상황에서 팀장의 얼굴이 굳어 있고 늘 진지하며 유머하고는 벽을 쌓고 있다면 어찌되겠는가?

사우스웨스트항공사는 직장에 캐주얼 복장을 선도한 기업으로도 유명하다. 그 회사는 현장에 근무하는 고객서비스 요원에서부터 최고위층 중역에 이르기까지 눈치 보지 않고 자유복장, 놀이복장을 입고 출근할 수 있는 기업문화를 갖고 있다.

이 같은 기업문화는 신입사원 노비광고에서부터 잘 나타나 있다. "바지를 마음대로 골라 입는 직장에서 일하세요. 하이힐, 넥타이, 팬티 호스트도 당신 마음대로 골라 입으세요.", "우리 회사에서는 반바지를 입고 출근해도 무방합니다." 게다가 이 회사의 교육은 유머와 게임, 기발한 콘테스트로 이루어진다. 유머감각훈련은 기술연

마 훈련만큼이나 기업경영에 중요하다고 보기 때문이다.

여기에 유머감각을 살리는 사우스웨스트항공사의 기법을 소개해 보면 다음과 같다.

◈ 기발한 생각을 하게 해라.

◈ 늘 함께 웃기 위해 노력해라.

◈ 나부터 먼저 웃는 습관을 가져라.

◈ 놀이정신을 가져라.

◈ 자기 자신에게 웃어라.

이러한 유머정책이 기업경영에 정말 도움이 될까? 정답은 간단하다. 이 회사는 32년간 창사 이래 한 번도 적자를 본 적이 없다. 더욱 놀라운 것은 9·11테러 시에도 매년 같은 성장세를 유지했다는 것이다. 이 항공사를 지켜준 것은 바로 유머경영이라고 분석된다. 재미있는 독특한 기업문화가 이러한 기적을 일구어 낸 것이다.

초일류기업, 일하기 좋은 기업들은 웃음을 최고의 성과로 잡고 있다. 정말 웃기는 일이다. 하기야 다 웃자고 하는 일이지만. 하하하하….

하하 유머스트레칭 Refined Humor Stretching

무재칠시(無財七施)로
직원들을 춤추게 해라

● 팀장은 석가모니가 되어야 한다, 팀장의 코칭기술

유능한 팀장은 직원들을 춤추게 한다. 그는 자신의 팀원들이 하모니를 이루면 신명이 나는 굿판을 벌이라고 주문한다. 그러나 무능한 팀장은 자신이 춤추려 한다. 그는 춤추기 위해 직원들을 자신의 편의를 위해 부리려 든다. 자신이 춤추는 팀장은 팀장의 권위에서 나오는 힘을 이용하려 들 것이다.

팀원들을 춤추게 하려는 팀장은 그들의 욕구를 찾기 위해 부단히 노력하고 늘 그들과 함께하며 팀 분위기를 개선하기 위해 노력할 것이다.

당신은 유능한 팀장인가, 무능한 팀장인가?

어떤 사람이 석가모니를 찾아가 물었다.

"저는 하는 일마다 제대로 되는 일이 없으니 이는 무슨 이유입니까?"

"그것은 당신이 남에게 베풀지 않았기 때문입니다."

석가모니는 그렇게 대답했다.
"하지만, 저는 아무것도 가진 것이 없는 빈털터리입니다. 남에게 줄 것이 있어야 주죠."
"그렇지 않습니다. 아무 재산이 없더라도 줄 수 있는 일곱 가지가 있습니다."

석가는 그에게 돈이나 물질을 베풀지 않고도 행할 수 있는 무재칠시(無財七施)를 알려 주었다.
팀장(리더)은 석가모니가 되어야 한다. 팀장의 자리가 물질적인 선물을 베푸는 자리가 아니기 때문이다. 팀장 마음대로 판공비를 쓸 수 있는 것도 아니고 사비를 털어 직원들을 먹여 살릴 수도 없기 때문이다. 정말이지 팀장이 베풀 수 있는 코칭기술은 이 일곱 가지 덕목을 실천하는 일이다.

첫째는 화안시(和顔施)다. 얼굴에 화색을 띠고 부드럽고 정다운 얼굴로 남을 대하는 것이다. 웃는 것만으로도 건강관리가 되고 웃는 것만으로도 서비스가 되고 웃음만으로도 세상과 통한다. 리더에게도 다른 자질이 있다면 그것은 늘 웃는 얼굴을 잃지 않는 것이다.

얼굴은 무엇인가. 그것이야말로 각자의 마음을 보여주는 거울이다. 거울은 한 번 깨지면 아무리 잘 맞추어도 금이 남는다는 속담이 있다. 하지만, 얼굴은 깰수록 아름답다.

"짐승의 얼굴을 깨면?"
"피가 난다."
"사람의 얼굴을 깨면?"
"빛이 난다."

둘째는 언시(言施)다. 말로써도 얼마든지 베풀 수 있다. 사랑의 말, 칭찬의 말, 위로의 말, 격려의 말, 부드러운 말 등이 팀장이 베풀어야 할 재산이다.

"칼은 양날을 갖고 있지만 사람의 혀는 백 개의 날을 갖고 있다."라는 베트남 속담이 있다. 이러고 보면 말보다 무서운 게 없다. 칼도 좋은 데만 사용하면 베푸는 것이 될 수 있다. 그러니 팀장의 말은 곧 팀원들에게 힘이 되고 비전이 된다.

팀장의 언어는 재미있고 유익해야 한다. 그래야, 친화력이 있고 이해하기 쉽다. 결국, 말을 통해서 팀은 하나가 된다.

"나와 당신이 만나는 것은 말이라는 다리를 통해서다."라는 말을 기억해라.

팀장은 늘 다음과 같은 언어를 습관적으로 함으로써 직원들을 작두에서 춤추게 할 수 있다.

"감사해!"

"축하해!"

"고마워!"

물 연구로 유명한 에모토 마사루는 어느 날 '감사합니다!'와 '망할 놈'이라는 말의 의미를 실험적으로 연구해 보기로 했다.

그 결과는 놀라웠다. 그는 병에 밥을 넣고 하나는 감사합니다라는 글을 써 놓고, 다른 병에는 망할 놈이라는 글을 써 놓고 매일 그렇게 부리게 했다.

그런데 며칠 후 놀라운 일이 벌어졌다. '감사합니다!'라는 병 속에 들어 있는 밥은 발효되어 누룩냄새를 풍기면서 다른 생명으로 변해 가는 반면, '망할 놈'이라고 쓴 병 속의 밥은 심한 냄새를 풍기며 썩어 갔다는 것이다.

당신은 부하들을 춤추게 할 것인가, 아니면 썩어 가게 할 것인가?

셋째는 심시(心施)다. 마음의 문을 열고 따듯한 마음을 나누어 주는 것이다. 중요한 것은 마음이 열려야 한다는 것이다. 웃음, 서비스 리더십은 머리가 아니라 마음이 열려야 한다. 만약에 머리가 열리면 그것이야말로 뚜껑이 열리는 것이다.

"소중한 것은 눈으로는 볼 수 없고 마음으로만 볼 수 있다."라고 생텍쥐페리는 말했다. 팀원들의 욕구, 그들의 고충을 눈으로 보려 하지 마라. 이제부터 팀장부터 마음을 열어라. 그리고 부하들의 마음을 여는 기술이 있는 팀장이 결국은 유능한 팀장이다.

넷째는 안시(眼施)다. 호의와 정을 담은 눈으로 남을 보는 것이다. 늘 긍정적인 마인드로 팀원들을 껴안아라. 마인드 바이러스를 퍼트려라.

늘 눈가에 웃음의 주름살을 달고 다녀라. 새내기 팀장은 입으로 말한다. 그러나 노련한 팀장은 늘 눈으로 말한다. 노하우가 풍부하고 노련할수록 눈으로 말하고 눈으로 안내하는 법을 익힌다. 당신은 입으로 말하는 팀장인가, 눈으로 말하는 팀장인가?

다섯째는 신시(身施)다. 남의 짐을 들어준다거나, 부하들의 일을 도와 주는 것처럼 몸으로 할 수 있는 일이다. 스스로 낮추는 자는 높아진다는 성경 말씀이 있다. 그리고 첫째가 되고자 하는 꼴찌가 되어야 한다는 구절도 있다.

팀원들이 바쁘게 뛰는데 뒷짐이나 쥐고 왔다 갔다 한다면 그는 단지 현장의 십장 역할에 지나지 않는다. 팀장이 권한을 위임하고 팀원들을 춤추게 하는 것은 그들과 함께 호흡하고 어려움을 같이하며 그들의 바람을 건의하고, 같은 배를 타는 것이다.

여섯째는 좌시(座施)다. 힘들어 하는 이에게 자리를 내어 주는 것이다. 여기서 자리는 단지 물리적인 자리만이 아니다. 자신의 능력과 경험을 나누어 주고 베푸는 마음가짐이다. 팀장은 어디까지나 인생의 선배로서 후배들에게 경험과 비전을 나누어 주는 사람이어야 한다. 그리고 늘 새로운 길을 열어 주는 리더가 되어야 한다.

어느 회사의 광고 문구처럼 '리더는 앞서 가는 사람이 아니라 앞서서 길을 개척해 나가는 사람'이 되어야 한다.

일곱째는 찰시(察施)다. 굳이 묻지 않고도 상대의 마음을 헤아려 도와주는 것이다. 가장 좋은 서비스는 고객이 요구하기 전에 미리 마음을 읽고 알아서 베푸는 정성이다.

식당에 손님이 깍두기를 맛있게 먹고 있었다. 밥은 절반이나 남았는데 깍두기는 다 비웠다. 이때 종업원이 미리 알아서 깍두기를 갖다 주면 이것은 서비스다. 그런데 손님이 깍두기를 더 달라고 해서 가져다주면 이것은 그저 고객의 심부름에 지나지 않는다. 당신은 부하들의 욕구를 미리 헤아려 그들에게 맞는 리더십을 발휘하는 사람인가, 아니면 질질 끌다 그들의 요구에 마지못해 응하는 심부름꾼인가?

당신이 이처럼 석가가 될 수는 없다. 그저 팀장이면 족하다. 그러나 부하들을 코칭하고 그들이 더 높은 작두에 올라가 춤추게 할 수는 있다. 무재칠시(無財七施)로 코칭해라. 팀원들이 춤추게 하라. 그러면 머지않아 당신과 그들의 가슴에 날개가 날 것이다.

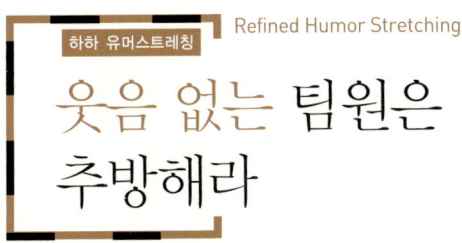

Refined Humor Stretching

웃음 없는 팀원은 추방해라

● 웃음이 사라진 이유는

"그냥 웃다 보면 어느새 도착합니다." 톨 게이트에 붙어 있는 이 홍보문구는 보면 볼수록 기분을 새롭게 하고, 얼굴에 웃음을 머금게 한다. 특히 '그냥'이라는 말. 이 말이 참으로 매혹적이지 않은가? 웃는 데는 이유가 없다. 웃음은 그냥 웃는 것이다.

그런데 왜 이리 웃으라고 야단법석인가? 경쟁에 치이고 인간관계에 상처 받고 업무에 쫓기고 스트레스 받다 보니 웃음이 사라진 것이다.

다시 말해 웃을 마음과 여유를 잃어버린 것이다. 이 웃음을 되찾지 못하면 조직문화는 점점 더 경직되고 팀원들은 점점 더 얼음덩어리처럼 굳어 갈 것이다. 웃음이 없는 집단만큼 삭막한 조직은 없다. 당신 팀은 웃음이 있는가? 누군든지 웃는 사람만 보면 저절로 힘이 나는 것은 자명할 것이다.

언젠가 지방에서 강의가 있어 잠도 제대로 못 자고 새벽에 일어나 아침도 거른 채 무거운 얼굴로 차에 올랐다. 유머특강을 가는데 이렇게 컨디션이 좋지 않아서 어떻게 하나 하는 불안감이 밀려들기 시작했다. 그런데 3시간여를 달려 고속도로를 빠져나오다가 그만 그 무겁고 답답했던 컨디션이 한 방의 웃음에 사라지고 말았다.

"좋은 하루 되세요." 하며 웃는 톨게이트 여직원의 아름다운 웃음 한 방이 내 안의 스트레스를 말끔히 없애고 어느 날보다도 재미있게 강의하고 올라올 수 있었다. 이렇게 남이 웃는 것만 보아도 생체리듬이 달라지는데 나 스스로 웃을 수 있다면 이 얼마나 열정과 큰 에너지를 쏟아낼 수 있을까?

팀장은 웃음의 카리스마를 보여주어야 한다. 그리고 웃음이 없는 직원은 당장 추방해라. 웃음이 없는 사람은 자신이 죽상을 짓고 있는 것만으로도 팀원들의 사기를 떨어뜨리고 팀의 문화를 좀먹고 있는 이단자라는 것을 모르고 있다.

웃음이 성공과 행복에 미치는 영양을 실험하는 학자들이 가장 많이 사용하는 방법이 고등학교 졸업사진을 분석하는 것이다. 대부분 졸업사진에 웃는 모습을 갖고 있는 사람은 사회에서도 늘 긍정적이며 유쾌한 삶을 누리고 있다는 것이다. 그러니 그저 웃는 것만으로도 동료에게 유쾌한 분위기를 선물하는 미덕이 아닌가? 지금 당장 사무실에 웃음헌장을 만들어 걸어라.

웃는 것은 능력의 문제가 아니라 습관의 문제라는 것이다. 그래서 행복해서 웃는 것이 아니라 웃어서 행복한 것이다.

우리에게 웃음이 없는 이유는 무엇일까? 대부분 다음과 같은 이유 때문에 웃음이 사라지곤 한다.

- 미치게 급하다.
- 큰 것만 좋아한다.
- 사소한 일에 목숨 건다.
- 비교하다 죽는다.
- 피 말리게 경쟁한다.
- 마음이 닫혀 있다.
- 눈치가 너무 빠르다.

웃음이 없는 직원을 추방하기에 앞서 웃음을 빼앗아 가는 비효율적인 요인부터 제거해라. 유능한 팀장이라면 언제나 사내를 돌며 얼굴이 굳어 있고, 늘 심각하며 진지한 직원을 가려내어 집으로 보내는 일이다. 그가 있음으로 해서 조직의 문화가 엉망이 되고 경직되어 간다면 일찍 퇴근시키는 것이 생산성에 더 큰 보탬이 되지 않겠는가. 하하하하!

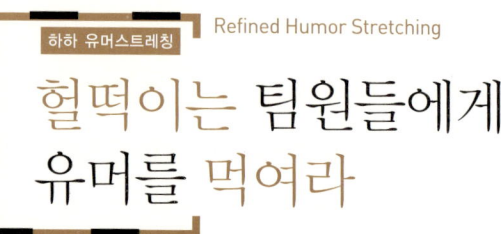

헐떡이는 팀원들에게 유머를 먹여라

● 조직에 고인 피를 걸러 내라

당신 회사에 유머가 뿌리내리기 어려운 이유가 있는가? 그것이 무엇이라고 보는가. 그것은 유머 전문가가 없어서가 아니라 유머문화가 없기 때문이다. 그러므로 유머가 자연스럽게 흐르는 일터를 만들어 나가기 위해서는 유연한 조직문화를 만들어 나가야 한다.

대부분의 기업에는 다음과 같은 경직된 기업문화를 갖고 있다. 이를 넘고 그 벽을 뚫어야 한다.

◈ 지나치게 연공서열 중심이다.
◈ 전통을 중시한다.
◈ 인간중심보다는 지나치게 과업중심이다.
◈ 지나친 경쟁으로 동료애가 없다.
◈ 규칙 제일주의다.
◈ 조직 내에 세대별 차이가 크다.
◈ 서열중심의 커뮤니케이션 구조로 되어 있다.

이러한 기업문화를 그대로 덮어 두면 갈수록 경쟁력은 떨어지고 창의성은 없어지며 팀워크를 찾기는 힘들 것이다. 신세대들은 갈수록 놀이중심, 게임중심, 사이버 영상에 젖어 있는 세대들이다. 이들이 조직에 들어와 성과를 내기 위해서는 그들과 함께 호흡할 수 있는 정서적인 문화가 만들어져야 한다. 그래서 다음과 같은 질문으로 당신 회사의 기업문화를 진단해 볼 수 있다.

- 우리 기업의 비전은 무엇인가?
- 우리가 추구하는 가치는 궁극적으로 무엇인가?
- 직원들이 누리고자 하는 문화는 무엇인가?
- 우리는 시대 흐름에 맞는 기업문화의 옷을 입고 있는가?
- 우리는 구성원들이 개인의 끼와 꿈을 살릴 수 있는 풍토를 갖고 있는가?

이러한 기업을 만들어 나가기 위해서는 무엇보다도 일하는 방법을 바꾸어 나가야 한다. 팀원들이 일하는 방법을 바꿀 수 있도록 팀장은 촉진자(Facilitator) 역할을 해야 한다.

- 일할 때는 열정과 에너지가 쏟게 한다.
- 스스로 하는 일을 재미있다고 느끼게 한다.
- 자기가 하는 일에 만족한다면 동료에게 떠들게 한다.
- 내가 하는 일이 매우 중요하다고 말하게 한다.
- 즐거운 일터를 스스로 만들어 나갈 수 있는 권한을 부여한다.
- 동료를 신뢰하고 그들과 의기투합할 수 있는 동기를 부여한다.

◈ 재미없이 일하는 사람은 능력이 없는 사람이라는 것을 알게 해 준다.

　유능한 팀장은 순응하지 않는다. 그렇다고 거부하지도 않는다. 그는 깰 줄 안다. 불필요한 규정을 깨고 낡은 문화를 깨부수는 결단력이 있다. 조직에 피가 흐르게 하는 의사 역할을 해야 한다. 피가 고여 있는 조직에서 웃을 수 있는 팀원은 없다. 만약, 있다면 그는 아마 ET일 것이다.

　명심해라. 직원들에게 억지로 웃으라고 해도 그들은 웃지 않는다. 그것은 또 하나의 스트레스일 수 있다. 유머를 나누고 재미있게 일하라고 해서 회사가 달라지지 않는다. 웃고 즐기며 재미있게 일할 수 있는 기업문화를 만들어 가는 것이 먼저다.
　그러므로 팀장은 유머리스트가 되기 전에 먼저 조직에 고인 피를 걸러 내고 막힌 혈관을 뚫어 주는 것이 다 같이 어울려 웃는 길이다. 하하하하!

Refined Humor Stretching

부록 팀장유머리더십A⁺

[부록 01]
체크리스트를 통해 알아보는
나의 팀장리더십지수는

[부록 02]
팀장역량을 배로 끌어올리는
하하 유머스트레칭 10단계 기법

How to Improve the Morale with a Word!

Refined Humor Stretching

체크리스트를 통해 알아보는 나의 팀장리더십지수는

다음은 팀장리더십을 개발하는데 필요한 12가지 주요 항목을 각각 평가할 수 있도록 기술하였다. 내가 얼마나 존경 받고, 인정받는 팀장인가 체크리스트를 통해 분석해 보자.

팀장리더십지수 체크리스트

항목	평가내용	평가
커뮤니케이션	1. 늘 경청하기 위해 노력한다.	⑤ ④ ③ ② ①
	2. 커뮤니케이션으로 신뢰하기 위해 노력한다.	⑤ ④ ③ ② ①
	3. 유머화법을 활용한다.	⑤ ④ ③ ② ①
	4. 상사와 부하의 커뮤니케이션 벽을 허물기 위해 노력한다.	⑤ ④ ③ ② ①
	5. 직원의 입장을 배려하는 기술이 있다.	⑤ ④ ③ ② ①
		평점 :
권한위임	1. 부하를 믿고 일을 자신 있게 맡긴다.	⑤ ④ ③ ② ①
	2. 더 많은 권한을 주기 위해 노력한다.	⑤ ④ ③ ② ①
	3. 실수를 비난하지 않고 기회를 주기 위해 노력한다.	⑤ ④ ③ ② ①

권한위임	4. 직원들의 능력을 전적으로 신뢰한다.	⑤ ④ ③ ② ①
	5. 직원들이 최고의 성과를 만들어 내도록 배려한다.	⑤ ④ ③ ② ①
		평점:

변화관리	1. 변화의 필요성을 알고 있다.	⑤ ④ ③ ② ①
	2. 나부터 변해야 한다는 의지가 있다.	⑤ ④ ③ ② ①
	3. 변화관리 프로그램이 있다.	⑤ ④ ③ ② ①
	4. 변화의 장애물을 극복하기 위해 노력한다.	⑤ ④ ③ ② ①
	5. 직원들이 비전을 갖고 변화하도록 지속적으로 지원한다.	⑤ ④ ③ ② ①
		평점:

동기부여	1. 부하들에게 긍정적인 사기를 주기 위해 노력한다.	⑤ ④ ③ ② ①
	2. 동기부여 기술이 있다.	⑤ ④ ③ ② ①
	3. 직원들을 움직이는 카리스마가 있다.	⑤ ④ ③ ② ①
	4. 잘한 점을 칭찬하고 개성을 살리도록 지원한다.	⑤ ④ ③ ② ①
	5. 자신에게 끊임없이 동기부여를 한다.	⑤ ④ ③ ② ①
		평점:

비전제시	1. 직원들에게 긍정적인 비전을 제시한다.	⑤ ④ ③ ② ①
	2. 안전지대를 벗어나기 위해 노력한다.	⑤ ④ ③ ② ①
	3. 직원과 비전을 공유한다.	⑤ ④ ③ ② ①
	4. 문제해결에 직원들을 참여시킨다.	⑤ ④ ③ ② ①
	5. 직원들에게 모델이 될 만한 명확한 비전을 갖고 있다.	⑤ ④ ③ ② ①
		평점:

팀워크	1. 팀워크를 강화시킬 수 있는 카리스마가 있다.	⑤ ④ ③ ② ①
	2. 팀워크를 유지하기 위해 솔선수범한다.	⑤ ④ ③ ② ①
	3. 팀원을 믿고 신뢰한다.	⑤ ④ ③ ② ①
	4. 성공적인 팀을 이루기 위한 목표의식이 분명하다.	⑤ ④ ③ ② ①
	5. 팀원 개개인의 장단점과 특성을 알고 있다.	⑤ ④ ③ ② ①
		평점:

갈등관리	1. 직원들의 스트레스 문제를 해결하기 위해 그들과 자주 대화하고 노력한다.	⑤ ④ ③ ② ①
	2. 조직 내의 갈등 요인을 제거한다.	⑤ ④ ③ ② ①
	3. 직원의 개인적인 고충에 귀 기울이며 정기적으로 피드백을 해 준다.	⑤ ④ ③ ② ①
	4. 신뢰할 수 있는 직장 분위기를 조성한다.	⑤ ④ ③ ② ①
	5. 칭찬과 인정, 재미있는 업무환경을 만들어 간다.	⑤ ④ ③ ② ①
		평점 :
위기관리	1. 직원들의 실수를 허용한다.	⑤ ④ ③ ② ①
	2. 불가능에 도전하는 의지가 있다.	⑤ ④ ③ ② ①
	3. 미래지향적인 혁신적인 사고를 한다.	⑤ ④ ③ ② ①
	4. 팀원에게 사기를 주고 공동으로 문제를 해결해 나간다.	⑤ ④ ③ ② ①
	5. 팀원의 실수에 대하여 책임질 수 있다.	⑤ ④ ③ ② ①
		평점 :
기업문화	1. 개방적인 조직문화를 만들어 간다.	⑤ ④ ③ ② ①
	2. 재미있게 일하는 시스템이 있다.	⑤ ④ ③ ② ①
	3. 자발적인 직원들의 참여를 유도한다.	⑤ ④ ③ ② ①
	4. 공정한 인사와 평가 시스템을 갖고 있다.	⑤ ④ ③ ② ①
	5. 훌륭한 일터를 만들기 위해 아이디어를 내고 회사에 건의한다.	⑤ ④ ③ ② ①
		평점 :
직원관리	1. 직원들의 능력을 더 발휘하게 하는 인센티브(성과보수) 제도가 있다.	⑤ ④ ③ ② ①
	2. 끼와 특성을 살릴 수 있는 업무환경을 갖고 있다.	⑤ ④ ③ ② ①
	3. 부하들의 어려움을 경청하고 개인적인 관심을 둔다.	⑤ ④ ③ ② ①
	4. 성과만큼 과정을 중시한다.	⑤ ④ ③ ② ①
	5. 직원들의 재능을 인정하고 칭찬한다.	⑤ ④ ③ ② ①
		평점 :

자기학습	1. 직원들에게 자기학습 기회를 제공한다.	⑤ ④ ③ ② ①
	2. 자기계발을 위해 정기적인 프로그램에 참여한다.	⑤ ④ ③ ② ①
	3. 늘 배움의 자세를 갖는다.	⑤ ④ ③ ② ①
	4. 자기분야에 전문가가 될 것을 직원들에게 가르친다.	⑤ ④ ③ ② ①
	5. 연구하고 공부하는 상사의 이미지를 심어 준다.	⑤ ④ ③ ② ①
		평점 :
유머감각	1. 유연한 사고를 하고 있다.	⑤ ④ ③ ② ①
	2. 조직에 Fun 문화를 구축한다.	⑤ ④ ③ ② ①
	3. 일을 즐기는 편이다.	⑤ ④ ③ ② ①
	4. 직원들과 유머를 나누며 재미있는 일터를 만든다.	⑤ ④ ③ ② ①
	5. 유머리더십을 갖추기 위해 노력한다.	⑤ ④ ③ ② ①
		평점 :

앞의 12가지 항목(총 60개)에 해당하는 사항들을 전부 체크하였다면 다음과 같이 채점해 보자.

첫 번째, 항목별로 합산하여 5로 나누면 그 항목의 평점을 얻을 수 있다. 4.75 이상이 나오면 95점 이상으로 매우 우수한 팀장이다. 4.5면 90점, 4.25면 85점, 4.0이면 80점, 3.75면 75점, 3.5면 70점, 3.0이면 60점이다. 항목별로 어느 분야에서 부족한지를 알 수 있다.

두 번째, 각 항목의 평점들을 합산하여 12로 나눈다. 그리고 같은 방식으로 평점을 메긴다.

90점이 넘는 팀장은 상사나 부하에게 존경 받는 멋진 팀장이다. 그의 앞날은 누가 봐도 열려 있다. 부하에게 늘 존경의 대상이 되고 모델이 되는 팀장이다. 조직의 미래는 그의 머리에 달렸다. 상사도 그를 100% 신뢰하고 권한을 부여할 것이다.

90점 이하인 팀장은 그런대로 인정은 받지만 자기학습이 더 필요한 경우다. 이런 유형은 자칫 회사의 정책은 잘 대변하는데 부하들의 고충을 제대로 대변하지 못하는 경우가 있다. 부하들의 입장을 대변하는 노력이 요구된다.

80점 이하인 팀장은 제 역할을 제대로 못하는 팀장이다. 눈치가 빠르고 제 몫을 챙기기에 바쁜 팀장이다. 제대로 허리역할을 못하면 그저 팀장이라는 타이틀을 즐기는 유형이다. 그의 앞날은 보장할 수 없다.

70점 이하인 팀장은 없어도 별문제가 없는 팀장으로 부하들에게 비전을 주지 못한다. 그저 자리나 차지하는 팀장이다. 오히려 조직이나 부하들의 업무추진에 장애가 되는 요소를 많이 갖고 있는 경우다. 곧 정리대상 리스트에 올라가야 할 팀장 그룹이다.

60점 이하인 팀장은 한마디로 낙제자다. 그가 왜 그 자리에 앉아 있는지 의문스러울 뿐이다. 그는 당장 그 자리를 떠나야 한다. 그것이 그가 잠시나마 몸담았던 조직과 구성원들에게 기여하는 마지막 일일 것이다.

이상의 평가방법을 통하여 나는 몇 점짜리 팀장인가를 분석할 수 있다. 결과를 보고 실망을 하지는 마라. 이 내용을 통해 자신의 문제점을 안다는 것 자체만 해도 발전할 수 있는 계기를 마련한 것이기 때문이다. 그리고 본문 내용을 다시 한 번 차근차근 살펴보기 바란다.

Refined Humor Stretching

팀장역량을 배로 끌어올리는 하하 유머스트레칭 10단계 기법

유능한 팀장이 되기 위해서는 조직의 미션을 책임지고 늘 앞서가는 혁신적인 사고를 해야 한다. 어느 조직이든 그 조직의 성패는 중간관리자인 팀장의 손에 달렸다.

구성원들에게 비전을 주고 성과를 공유할 수 있는 분명한 목표의식과 자기관리가 있어야 한다. 이를 위해서는 신뢰하는 일터, 일에 대하여 자부심을 느낄 수 있는 업무환경, 그리고 일을 재미로 받아들일 수 있는 기업문화를 만들어 나가야 한다.

여기 팀장의 능력을 배로 향상시킬 수 있는 10단계 기법이 있다. 제대로 실천해 본다면 조직문화가 달라지고 훌륭한 일터를 만들어 나갈 수 있을 것이다.

상사로부터 인정받는 리더, 부하로부터 존경을 받는 리더, 경쟁사로부터 늘 스카우트 제의를 받는 리더로 거듭나고 싶은가? 그렇다면, 지금부터 제시하는 10단계를 실천해 보기 바란다.

지금까지 이 책에서 제시된 방법들을 당신이 속한 기업환경에 맞추어 실천 가능한 아이디어로 발전시켜 제시해 보기 바란다.

제1단계: 유머화법으로 재미있게 말하는가?

1) 회의 시에 유머를 적절히 사용하는 방법은?

2) 긍정적인 Win-win 관계를 맺는 방법은?

3) 서열을 뛰어 넘는 커뮤니케이션 문화를 구축할 수 있는가. 그 방법에는 무엇이 있는가?

4) Humortelling 기법에는 무엇이 있는가?

5) 유머코칭을 효과적으로 하는 방법에는 무엇이 있는가?

제2단계: 직원들에게 동기부여를 제대로 하는가?

1) 웃음의 가치를 구성원들과 공유할 수 있는 방법은 무엇이 있는가?

2) 웃음을 통하여 생산성을 향상시키는 구체적인 방법에는 무엇이 있는가?

3) 일터를 놀이터처럼 만들어 가는 방법에는 무엇이 있는가?

4) 현재 많은 기업이 Fun 리더를 양성해 가고 있다. 어떻게 할 것인가?

5) 웃음이 넘치는 조직을 만들어 나가는 기업문화 구축방법에는 무엇이 있는가?

제3단계: Fun 경영기법을 제대로 실천하고 있는가?

1) 유머문화를 구축한다. 어떻게 할 것인가?

2) 실천 가능한 구체적인 프로그램을 개발한다. 무엇이 있는가?

3) 유머경영 기업 사례를 벤치마킹한다. 어느 기업을 타깃으로 할 것인가?

4) 유머경영 시스템을 구축한다. 어떻게 할 것인가?

5) 기업과 구성원의 유머지수를 높여 나간다. 구체적인 아이디어는 무엇인가?

제4단계: 팀워크 촉진을 위한 노하우를 갖고 있는가?

1) 유머 콘테스트를 개최한다. 구체적으로 어떻게 할 것인가?

2) 유머게시판을 운영한다. 어떻게 할 것인가?

3) 근무 분위기를 재미있게 바꾸어 본다. 실천 가능한 아이디어는 무엇인가?

4) 유머회의 팀을 운영해 본다. 어떻게 운영할 것인가?

5) 칭찬과 축하 이벤트를 개최한다. 구체적인 매뉴얼을 제시해 보라.

제5단계: 권한을 제대로 위임하고 있는가?

1) 리더의 권한을 부하에게 위임한다. 어떻게 할 것인가?

2) 유머로 창의성과 잠재력을 자극한다. 어떻게 할 것인가?

3) 구성원들이 자부심을 갖게 한다. 구체적인 방법에는 무엇이 있는가?

4) 신뢰하는 기업문화를 만들어 나간다. 구체적인 프로그램에는 무엇이 있는가?

5) 권한위임으로 나타나는 효과로는 무엇이 있는가?

제6단계: 유머리더십을 멋지게 발휘하고 있는가?

1) 긍정적인 마인드를 갖는다. 장애 요인에는 무엇이 있는가?

2) 패러다임을 변화시켜 나간다. 무엇부터 바꿀 것인가?

3) 일터에서 웃음을 나눈다. 기존의 벽을 어떻게 뛰어넘을 것인가?

4) 유머감각을 개발한다. 구체적으로 실천할 수 있는 방법은 무엇인가?

5) 조직 내 갈등과 스트레스를 제거한다. 구체적인 방법을 제시해라.

제7단계: 훌륭한 일터를 만들기 위해 제대로 뛰고 있는가?

1) 비전을 공유한다. 팀원이 공유할 수 있는 비전을 제시해 보라.

2) 칭찬언어를 구사한다. 지금 당장 활용할 수 있는 방법을 제시해 보라.

3) 놀이정신을 권장한다. 구체적으로 어떠한 방법이 있는가?

4) 유연한 팀 분위기를 만들어 나간다. 방법을 제시해 보라.

5) 스트레스 해소할 수 있는 방을 운영한다. 어떻게 운영할 것인가?

제8단계: 유머경영시스템을 구축하기 위해 제대로 노력하는가?

1) 하드웨어적인 요소를 구축한다. 물리적인 시설환경에는 무엇이 있는가?

2) 소프트웨어적인 요소를 구축한다. 무형적인 제도나 정책에는 무엇이 있는가?

3) 휴먼웨어적인 요소를 구축한다. 직원관리나 교육에는 어떤 방법이 있는가?

4) 넷웨어적인 요소를 구축한다. 사이버상에서 할 수 있는 방법에는 무엇이 있는가?

5) 유머경영 매뉴얼을 구축한다. 구체적으로 어떤 내용을 담을 것인가?

제9단계: 유머 있는 조직문화를 만들기 위해 제대로 뛰고 있는가?

1) 유머를 공유한다. 어떻게 할 것인가?

2) 상사와 부하의 역할 연기를 한다. 기존의 틀을 어떻게 넘을 것인가?

3) 실수문화를 권장한다. 어떻게 실천할 것인가?

4) 일터를 놀이터 수준으로 만든다. 장애요인을 제거하는 방법은 무엇인가?

5) 직원중심의 기업문화를 구축한다. 기성세대와의 문화적 격차를 어떻게 극복할 것인가?

제10단계: 유머로 변화와 비전을 제대로 제시하고 있는가?

1) 변화의 저항요인을 재미있게 극복한다. 구체적인 방법은 무엇인가?

2) 앞서 가는 기업을 벤치마킹한다. 그 기업의 유머문화를 어떻게 적용할 것인가?

3) 정기적으로 유머교육을 한다. 어떤 프로그램으로 할 것인가?

4) 감성적인 업무환경을 만들어 간다. 구체적인 방법을 제시해 보라.

5) 정서적인 가치 창출에 초점을 맞춘다. 구체적으로 무엇이 있는가?

임붕영 교수의 유머&FUN 교육 프로그램 안내

유머교육 특성

- 웃음과 재미 그리고 유머가 흘러넘치는 교육으로 구성원 모두 하나가 되는 팀을 만들어 나감
- 기존의 일방적인 지식전달이나 판에 박힌 교육이 아니라, 함께 참여하는 창의적인 교수법으로 실제 업무현장에 활용할 수 있는 재미 넘치는 콘텐츠로 구성됨
- 자기관리, 기업경영, 조직문화, 리더십, 변화관리, 서비스, 고객관리, 화술, 코칭, 커뮤니케이션, 성과 창출에 유머기법을 도입하여 재미와 유머가 넘치는 유쾌한 조직으로 만들어 나감

유머강의 프로그램

- Fun 일터, 유머직원 만드는 FUN경영
- 유머리더십 계발 기법
- 고객을 춤추게 하는 유머 서비스
- CEO, 관리자 등 리더의 유머개발 지도
- 웃음이 함께하는 유머특강
- 유머화법 및 유머코칭
- 교사와 학생이 모두 승리자가 되는 유머학습법
- 웃음 넘치는 유머치료법

기대효과

- 구성원들 스스로 일상업무의 고정관념과 패러다임을 깨고, 혁신적인 자기변화와 비전을 창출한다. 즐겁고 신나는 일터를 통해 유머일꾼이 되어 가는 유머경영 기법을 터득함으로써 개인과 조직의 성과를 창출하는 데 기여함
- 일과 재미를 하나로 묶어 구성원들의 자발적인 참여를 이끌어 내고, 신나는 일터와 조직구성원 간의 신뢰형성과 감성교류를 통한 웰빙 트렌드에 맞는 창의성 향상 및 성과 창출을 유도해 나가는 유머경영
- 수평적인 조직문화와 서열을 뛰어넘는 커뮤니케이션 기법을 도입하여 유머와 재미를 만들고, 열정과 창의성이 넘치는 행복한 일터를 만들어 나감

활용도구

매뉴얼, 동영상 사례, Playbook, 그림도구, 게임 등

교육 및 컨설팅 문의

boongyoung@hanmail.net